教育部中等职业教育专业技能课立项教材

证 券 基 础

主编　杨立功

中国人民大学出版社
·北京·

图书在版编目（CIP）数据

证券基础/杨立功主编 . —北京：中国人民大学出版社，2013.7
教育部中等职业教育专业技能课立项教材
ISBN 978-7-300-17869-1

Ⅰ.①证…　Ⅱ.①杨…　Ⅲ.①证券交易-中等专业学校-教材　Ⅳ.①F830.91

中国版本图书馆 CIP 数据核字（2013）第 173434 号

教育部中等职业教育专业技能课立项教材

证券基础

主编　杨立功

出版发行	中国人民大学出版社			
社　　址	北京中关村大街 31 号		**邮政编码**	100080
电　　话	010 - 62511242（总编室）		010 - 62511398（质管部）	
	010 - 82501766（邮购部）		010 - 62514148（门市部）	
	010 - 62515195（发行公司）		010 - 62515275（盗版举报）	
网　　址	http://www.crup.com.cn			
	http://www.ttrnet.com（人大教研网）			
经　　销	新华书店			
印　　刷	北京昌联印刷有限公司			
规　　格	185mm×260mm　16 开本		**版　　次**	2013 年 8 月第 1 版
印　　张	12.25		**印　　次**	2013 年 8 月第 1 次印刷
字　　数	254 000		**定　　价**	25.00 元

出版说明

　　为贯彻落实《国家中长期教育改革和发展规划纲要（2010—2020 年)》，按照"五个对接"的教学改革要求，规范专业建设，深化课程改革，创新教材建设机制，全面提升中等职业教育专业技能课教材质量，教育部职成司于 2012 年 5 月开展了中等职业教育专业技能课教材选题立项工作，遴选出 37 家出版单位负责立项教材的出版和发行工作。

　　中国人民大学出版社作为教育部职业教育教材出版基地，获批金融事务、连锁经营与管理、电子商务、市场营销、物流服务与管理、旅游服务与管理、物业管理七个专业的教材选题立项（教职成司函［2012］95 号），并依托自身在经管领域的专业优势，迅速展开了对金融事务专业的课程调研和教材开发工作。经过近一年的努力，历经数次教材研讨，广泛听取一线教师的教学反馈，并组织专家审稿，金融事务专业中等职业教育专业技能课立项教材顺利面世。本套教材在编写上力求体现以下几个特色：

　　(1) 贴近岗位实际，体现行动导向。本套教材按照银行、保险和证券机构等职业岗位典型活动进行分类编写，强调以职业岗位中的任务为主线，以技能为载体，把教学重点真正落实到岗位能力的培养上。

　　(2) 突出实用，理论适度。教材内容重点放在理论、原理的应用思路、应用方法、操作技能和案例分析上，不追求完整、系统、严格的学科理论体系，必需的理论、原理介绍完整，而高深的理论和理论来源、推导过程等则不写或少写。

　　(3) 学生本位，形式活泼。教材以学生为中心，模块设置更强调学生在整个学习过程中的核心作用，突出了学生参与课堂、动手实践的环节。此外，教材还注重形式活泼，突出通俗性、趣味性、图文并茂，激发学生学习兴趣。

　　(4) 教学配套资源完整，每本教材配备了 PPT 课件、习题答案等丰富的教学资源，确保使用教材的教师在教学、实训等不同环节有足够的教学素材支持。

前　言

　　证券是现代经济活动和社会生活中重要的金融工具，证券投资则是现代社会中具有举足轻重地位的投资活动。

　　在现代投资知识体系框架中，产业投资和金融投资是其中的两大核心主体，此外还包括以收藏品投资为主的实物性投资等。从某种角度上讲，产业投资具有较大的深度，而金融投资具有较大的广度（虽然金融投资也不乏深度）。金融投资根据投资对象不同有股票投资、债券投资、基金投资、外汇投资和衍生金融工具的投资等。本书通过对金融投资的理论讲解和实际操作，使学生能够掌握证券投资的基础理论和实际操作工具及方法。

　　本书在编写过程中，着重强调中等职业教育的"职业能力"培养与"教学做"一体化的教学理念，在内容和模块设计中，增加了大量的插图和"请你参与"等模块，强调提高学生学习的兴趣和主动性，重点培养学生实际操作技能的学习和自我学习能力的提高。同时，在编写过程中，坚持理论够用的原则，兼顾未来职业发展的要求，强调基础性与应用性相统一，内容深入浅出，通俗易懂，适合作为中等职业教育经济管理类、金融保险类专业的教材。

　　本教材由黄河水利职业技术学院财经系投资与理财教研室主任、高级理财规划师、杨立功副教授策划、主编，并编写了模块一、二、六、七。赖朝果老师编写了模块五、八，舒莎老师编写了模块四、五、八，单樱子老师对本书进行了校对，黄河水利职业技术学院财经系投资与理财 2011 级王亚楠同学绘制了部分插图。

　　在本教材的编写过程中，我们吸收了前辈及同行的很多值得借鉴的成果，也吸收了众多股民朋友的观点、感受和实战经验，在此对他们表示衷心的感谢。

　　尽管我们力求完美，并为此进行了不懈努力。但由于我们的能力有限，教材中难免存在错漏之处，恳请各位专家、同行以及细心的读者批评指正。

杨立功

2013 年 5 月

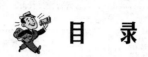

目 录

模块一　认识金融市场

☞ **时间分配建议**

　　建议安排 4 个课时，每个课时 50 分钟。

☞ **学习目标**

　　本模块学习完成后，你应当能够：

　　1. 知道金融市场与普通投资者的关系；

　　2. 理解金融市场的相关要素；

　　3. 了解金融市场中存在的风险；

　　4. 理解风险与收益的关系。

☞ **内容概览**

　　本模块从什么是金融市场开篇，以证券投资的风险与收益的关系收尾，包括金融市场、金融市场的构成要素、证券市场及其历史、价格指数、证券投资的收益、风险以及证券投资收益与风险之间的关系等内容。

☞ **学习方法建议**

　　独立学习、小组讨论与展示相结合。

　　改革开放以来，我国的证券市场迅速发展，1990 年底我国上市公司只有 13 家，而到 2012 年底，在上海证券交易所上市的公司已达 909 家，在深交所上市的公司有 1 574 家，包括在中小板上市的 701 家公司，在创业板上市的 355 家公司。

　　证券市场规模的扩大，也为我国广大公众（包括机构投资者）提供了广阔的投资场所，增加了投资渠道和投资机会。

　　然而，面对变化莫测的证券市场，个人投资者只有掌握必要的证券投资知识，具备相应的投资意识和风险意识，充分了解证券投资的策略和方法，才能在投资实战中少走弯路。

单元一　金融市场概述

请 你 参 与

请问，你家中有贷款经历吗？

_____

_____

_____

_____

_____

一、什么是金融市场

在现代经济系统中，有三类重要的市场对经济的运行起着主导作用，这就是产品市场、要素市场和金融市场。产品市场是商品和服务进行交易的市场，比如农村的集贸市场就属于典型的商品市场；要素市场是土地、劳动与资本等生产要素的市场，比如城市中的人才市场；金融市场是资金进行融通的市场，它引导经济系统中资金的流向，沟通资金由盈余部门向短缺部门转移。

金融市场又称为资金市场，包括货币市场、资本市场、外汇市场和黄金市场，是资金融通的场所。

所谓资金融通，是指在经济运行过程中，资金供求双方运用各种金融工具调节资金盈余的活动，是所有金融交易活动的总称。比如，居民把钱存在银行里，银行把居

民的零星存款集聚起来贷给需要资金的企业，居
民到银行进行按揭贷款购买房子、汽车等，都属
于资金的融通。在日常生活中，居民、企业、机
构、政府交易的是各种有价证券，如股票、债券、
基金、储蓄存单等，也属于资金的融通。资金融
通简称为融资，比如，企业在交易所公开发行股
票，银行向社会公众发行金融债券，政府向金融
机构和企业公开发行国债，企业向商业银行进行
贷款等，都属于融资。一句话，金融市场就是资金融通的场所。

金融市场的构成十分复杂，它是由许多不同的子市场组成的一个庞大体系。图1—1
显示了金融市场的构成。

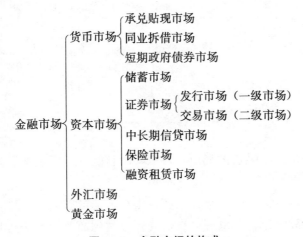

图1—1　金融市场的构成

根据金融市场上交易工具的期限，金融市场分为货币市场和资本市场两大类。
货币市场是融通短期（一年以内）资金的市场，资本市场是融通长期（一年以上）
资金的市场。货币市场和资本市场又可以进一步分为若干不同的子市场。货币市场
包括金融同业拆借市场、回购协议市场、商业票据市场、银行承兑汇票市场、短期
政府债券市场、大面额可转让存单市场等。资本市场包括中长期信贷市场和证券市
场。中长期信贷市场是金融机构与工商企业之间的贷款市场；证券市场是通过证券
的发行与交易进行融资的市场，包括债券市场、股票市场、基金市场、保险市场、
融资租赁市场等。

练 一 练

　　除了书中列举的金融市场上资金融通的例子，你还能说出的资金融通的例子有：

二、金融市场在哪里

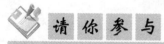 **请 你 参 与**

你认为，哪里有金融市场？

既然金融市场是资金融通的场所，那么，所有能进行资金融通的地方，都属于金融市场。

资金结余者可以把结余的资金存入商业银行，也可以从银行进行贷款；企业可以把暂时闲置的资金放入银行，也可以在需要资金时到商业银行进行贷款，所以，商业银行是金融市场的一部分。

企业可以通过证券交易所发行股票，进行资金的募集，投资者可以通过证券交易所购买企业发行的股票，所以，证券交易所是金融市场的一部分。

保险公司通过收取客户的保险费用，为客户提供保障，在2012年，我国的总保费收入为1.549万亿元人民币，保险公司也成为资金融通的重要金融机构，所以，保险公司是金融市场的一部分。

1994年4月，中国在上海建立了全国统一的银行间外汇市场，将原来分散的外汇交易集中统一起来，为成功进行外汇管理体制改革，形成单一的、有管理的人民币汇率体制奠定了重要的市场基础。如今，外汇市场也成为政府、企业和个人进行外币资金融通的重要场所，外汇市场是金融市场的一部分。

随着计算机技术、互联网技术和通信技术的融合，互联网已经把遍及全国各地分散的、有形的金融市场，融合为统一的、综合性的、虚拟的金融市场。每一个居民都可以通过连接到互联网的计算机或者接入互联网的手机，实现自己账户中资金的转账、交易和结算。

可以毫不夸张地说，金融市场已经渗透到社会的各个角落。

由于计算机技术与卫星通信的应用，分散在世界各地的金融市场已紧密地联系在一起，全球性资金调拨和资金融通可在几秒钟之内迅速完成。另外，随着跨国银行的空前发展，国际金融中心已不限于少数发达国家金融市场，而是向全世界扩展。这样，各个金融市场和金融机构便形成了一个全时区、全方位的一体化国际金融市场。

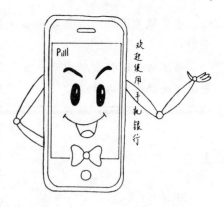

阅 读 材 料

金融中心

狭义的金融中心是指在商品货币的运行中处于中心地位的金融市场。广义的金融中心是指在宏观地理区域内发挥金融活动中枢作用的大中城市。

金融中心的主要特征归纳为四个方面：

第一，金融中心需要集聚足够数量的金融机构，包括银行、证券交易所、保险公司等各种各样的金融机构和与金融活动有关的服务业或支持性产业；

第二，金融中心的金融设施先进、金融市场发达、金融信息灵敏，是超过城市所在区域的更大地理区域资金的聚散地；

第三，中心城市良好的基础设施、法律制度以及文化环境为金融中心功能发挥提供依托；

第四，金融中心是金融体系的枢纽，在总体金融体系中居于重要位置，发挥着总体金融体系的关键功能。

由于国际金融中心可以为所在国家和地区的经济发展带来巨大利益，国际金融中心之间的竞争历来有之。历史上伦敦和纽约为了竞争主导全球的金融中心地位曾有"凯恩斯计划"和"怀特计划"之争，最后美国凭借强大的经济实力使"怀特计划"最终胜出，美元成为第二次世界大战后全球金融体系的主导货币，纽约也取代伦敦成为国际金融中心的领头羊。

根据金融中心在全球金融市场中的地位，全球的金融中心划分为三级：

第一级为世界金融中心。如纽约、伦敦和东京，拥有先进的结算和支付系统，是大型的、全球化的、服务齐全的中心；能支持庞大的国内经济，拥有纵向的、流动的市场，在这个市场上，资金的来源和使用是多元的，法律与监管体系能充分保护重要的代理人关系的公正性和监管功能。

第二级为国际区域金融中心。如中国香港、新加坡和卢森堡，在区域内外发展其金融市场。

第三级为国家金融中心。如上海、首尔，主要是在国内发展金融市场，对于国际金融市场的影响力较弱。

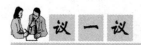

请你谈一谈把我国的上海建成国际金融中心的构想。

三、金融市场的特点

首先，金融市场上交易的商品具有同质性。一般商品市场交易的对象是具有不同使用价值的商品，而金融市场所交易的对象是资金或代表资金的各种票据、凭证和证券，这种"商品"的使用价值都是相同的，即都具有获利的可能。

其次，金融市场上交易的资金，其价格是利率，即金融市场交易价格具有特殊性。

一般商品的交易价格是由商品价值所决定的，价格是价值的货币表现，而金融商品的价格则表现为"利率"。这里需要指出的是，各种金融商品有各自的价格表现，但它们的价格与利率有着密切的联系。金融商品的供求是以一定的利率水平为参照进行的。

最后，金融市场中的交易，其交易目的具有多重性。

一般商品的交易目的比较单纯，卖者的目的是实现商品的价值，买者的目的是获得商品的使用价值。金融商品的交易目的则比较复杂，在发行市场，发行者的目的是筹集资金用于生产经营活动，购买者主要是为投资获利；在交易市场，金融商品的交易主要表现为：为获取投资回报而购买证券、急需现金或者为回避风险而卖出证券等。

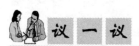

谈一谈你对"金融商品的价格是利率"这句话的理解。

四、金融市场和我们的关系

金融市场对经济活动的各个方面都有着直接的影响，如个人财富、企业的经营、经济运行的效率，都直接取决于金融市场的活动。

对于普通的居民来说，金融市场为他们结余的资金提供了获取收益的场所。他们可以把结余的资金存入银行，获取稳定的收益，也可以买入黄金进行保值，还可以购买债券、基金、股票、外汇等，以获取投资的收益。

金融市场还可以为居民提供风险管理的工具。比如，居民用一部分结余资金购买商业保险，以换取保险公司提供的保障。

当居民因购买大件物品一时手头紧张时，他们还可以到金融市场上进行融资，比如住房信用贷款、住房抵押按揭贷款、汽车消费贷款、大件消费品信用贷款等。许多居民正是利用金融市场的融资功能圆了住房梦、汽车梦等。

请 你 参 与

请你与同学讨论：消费信贷的好处有哪些？

技 能 训 练

发达的金融市场能给普通居民带来哪些利益？

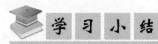

学习小结

通过本单元的学习，你的收获有：

_____

_____

_____

_____

单元二　认识金融市场的构成要素

请你参与

请你列出构成一个规范的金融市场的必备条件：

_____

_____

_____

_____

_____

世界各国金融市场的发达程度尽管各不相同，但就市场本身的构成要素来说，都不外乎金融市场的主体、金融市场的客体、金融市场的组织形式、金融市场的交易价格、金融市场的监督与管理者五个要素，其中基本要素是金融市场主体、金融市场客体和金融市场的交易价格。

一、金融市场主体——参与者

金融市场主体就是金融市场业务活动的参与者，包括资金的需求者、资金的供应者和金融中介机构等，具体包括企业、金融机构、政府部门、个人等。

（1）企业是金融市场运行的基础，是重要的资金供给者和需求者。企业生产经营所需要的短期资金，主要通过银行借款和在票据市场上进行票据贴现等形式筹措；企业固定资产投资所需的长期资金，主要在证券市场通过发行股票和债券等途径来解决。

（2）金融机构包括商业银行、证券公司、信托公司、保险公司等银行和非银行业金融机构。金融机构既是资金的供给者，又是资金的需求者，还是资金融通活动的重要中介机构，为资金需求者和供给者牵线搭桥。

（3）政府部门在金融市场上的身份较为特殊，有些政府部门像企业一样，是重要的资金供应者和需求者。比如政府的财政部门，财政部在财政收支过程中经常发生资金的临时闲置，可将这些资金投资于金融市场，为金融市场供应资金；政府也可发行债券向金融市场筹措资金，弥补财政赤字或经济建设的资金需要，此时财政部又成为资金的需求者。还有些政府部门，比如中国人民银行、中国银监会、中国证监会、中国保监会等，负有对金融市场监督、管理的职责。

（4）居民个人。在金融市场上，居民是最终的资金供给者。

二、金融市场客体——交易对象

金融市场的客体是货币资金，货币资金的载体是各种金融工具，包括存单、票据、债券、股票、黄金、外汇等。金融工具按其性质不同可分为三大类：一是所有权凭证，如股票；二是债权凭证，如债券和票据等；三是权利义务关系凭证，如各类期货合同和期权合约等。

一个公开、公正、公平、完善、发达的金融市场，能够向参与者提供众多的可供选择的金融工具，从短期的票据、国库券到长期的债券和股票等一应俱全。

三、金融市场的组织形式

金融市场的组织形式是指将金融市场主体和交易对象联系起来，组成买卖双方进行公开、公平、公正交易的方式，金融市场的组织形式主要有两种：一种是交易所方式，该种方式有固定的交易场所，有组织、有制度，集中进行交易。证券买卖双方在交易所内公开竞争，通过出价与还价的形式来决定证券的成交价格；第二种是场外交易，在该种交易方式下，交易双方在各金融机构的柜台上进行交易，买卖双方单独议价、分散交易。

上海证券交易所交易大厅

 阅读材料

场外交易的特点

场外交易没有集中的交易场所。场外交易市场是由众多企业、证券公司、投资公司以及普通投资者分别交易组成的，它基本属于一个分散且无固定交易场所的无形市

场。在现代社会，场外交易更多是借助现代通信技术和通信网络，但许多交易依然依赖着直接协商交易的原则。

场外交易是开放型交易。证券交易所交易是通过封闭市场完成的，投资者必须委托证券经纪公司完成交易，而不得直接进入证券交易所大厅，更无法与交易对方当面协商交易。但场外市场是开放性市场，无论借助当面协商或是电话通信等方式，投资者都可以在某一价位上买进或者卖出所持证券。参加场外交易的主体并非完全是证券公司。投资者既可以委托证券公司代其买进或卖出证券，也可以自行寻找交易对方，还可以与证券公司进行直接交易，完全不受证券交易大厅的地理或位置限制。

场外交易的证券品种多样。证券交易所对上市证券规定严格的上市条件，并只接受符合严格条件的证券上市，能够成为交易所交易品种的证券数量相对较少。场外交易的证券品种通常都是非上市证券，它们无须符合集中市场管理者发布的、严格的上市条件，故其数量庞大。

场外交易主要以协商定价方式成交。场内交易依照集中竞价原则确定证券交易价格，即若干卖方和若干买方通过集合竞价或连续竞价，按照时间优先和价格优先的规则，确定每项买卖的成交价格。但场外交易是按照"一对一"方式确定证券价格的，成交价格取决于交易双方协商一致。

场外交易采取特殊的交易管理结构。在国外，场外交易是证券交易的重要方式，场外交易市场也是巨大的。为了确保场外交易的健康发展，证券监管机构依然对场外交易进行着监督与管理。一方面，通过划定场外交易的具体范围，避免"名为场外交易、实为场内交易"现象的出现；另一方面，支持各种自律性组织实现对场外交易的监管，鼓励证券公司和各类证券业协会对场外交易实施监管。

四、金融市场的交易价格

在金融市场上，既然有交易，就必然要有交易价格。金融市场的交易价格是金融工具按照一定的交易方式在交易过程中所产生的价格，它与金融工具的供求、相关金融资产的价格以及交易者的心理预期等因素密切相关，其高低直接决定了交易者的实际收益大小。

金融市场的交易价格不同于商品市场上商品交易的价格。在金融市场上，货币资金借贷的交易价格一般用利率表示，其他金融工具的价格表现为它的总值，也就是本金加上收益。

五、金融市场的监管者

金融市场监管是为了保证金融市场机制的实现，进而保证整个国民经济秩序的正常运转，以高效、发达的金融市场推动国民经济的稳定发展。

金融市场监管目的是为了保证金融市场公开、公平、公正地运行。公开是为了满足投资者的投资需要，满足社会公众对相关主体及其行为的监督需要；公平是为了保障自愿投资、自由交易、平等竞争和风险自担的秩序；公正是为了监管者能够严格按照法律法规的规定，公平正直地处理金融市场中发生的有关事件，以保障金融市场的健康运行。

目前，我国金融市场的监管包括中央银行的监督管理和专门机构的日常管理。具体来说，中央银行对整个金融市场实施全面的监管；银行监督管理委员会负责银行业的监管，证券监督管理委员会负责证券业的监管；保险监督管理委员会负责保险业的监管。

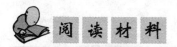 阅 读 材 料

庄家吕梁

吕梁经历颇丰，早年当过自由撰稿人，写过小说、剧本，还干过新闻记者，最早报道过股份制改造，近不惑之年才步入"庄家生涯"。这位文人气质颇浓的人物不仅亲手导演了"中科系"从大牛股到大崩盘的股市世纪悲剧，又成为头号从幕后跳到前台"自曝内幕"的超级庄家。

1997年，香港一场"禽流感"使得"养鸡专业户"深市上市公司康达尔几近崩溃。朱焕良，深圳著名的个体庄家，之前掌握了康达尔90％以上的流通盘，此次暴跌一下子套住他几个亿的资金，使他难以自拔。1998年，朱焕良亲赴北京找到吕梁，希望帮其"拯救"康达尔。此时的吕梁已在投资界闯荡多年，积累颇丰，于是双方一拍即合，

开始了改变他一生命运的"康达尔之战"。

最初两人签订了一个"战略投资五年计划",关键内容有两条,一是吕梁接过朱焕良一半的流通盘;二是朱焕良承诺5年内不卖出。吕梁接过康达尔的流通盘后,将康达尔重组成高科技新贵。公司形象摇身一变成为"高科技＋金融"的企业,名字更加动人——"中科创业",公司股价也是"满堂彩",从1998年秋冬季的17元扶摇直上,到1999年7月已稳稳站在40元以上,全然一个高科技大牛股,令人刮目相看。

时至2000年下半年,中科股价平稳,资本市场收购也都相当顺手,吕梁可谓春风得意。在吕梁结婚的当天,操盘手把中科创业的收盘价定在了72.88元,谐音为妻儿发发。

然而,当中科创业的股价炒上去后,吕梁和朱焕良之间的协议已经变味,朱焕良开始偷偷卖出他手中的股票,导致中科创业的股价在2000年底至2001年初连续9个跌停,跌去50个亿的市值。此时吕梁开始公开指责朱焕良背信弃义。因有关机构涉嫌操纵中科创业股价,中国证监会在2004年1月份进行了立案稽查。

倒了中科,毁了吕梁,灭了强庄,伤了大盘。

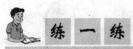

如果你是证券监督管理委员会主席,你如何处理庄家吕梁?

基金公司在金融市场上是什么角色?普通投资者在这个市场上又扮演什么角色?

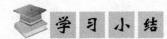

学习小结

通过本单元的学习，你的收获有：

_____

_____

_____

_____

单元三　掌握证券市场的相关知识

请你参与

你家人或你的亲戚有买股票、基金的吗？

_____

_____

_____

_____

_____

一、证券市场

证券是用以证明或设定权利所做成的书面凭证，表明证券持有人或第三者有权取得该证券拥有的特定权益或证明其曾经发生过的行为。证券可以采取纸质形式、记账形式、电子形式等。我们常见的证券有股票、债券、银行存款凭证等。

证券市场是股票、债券、投资基金份额等有价证券发行和交易的场所。证券市场是市场经济发展到一定阶段的产物，是为解决资本供求矛盾和流动性而产生的市场。证券市场以证券发行与交易的方式实现了筹资与投资的对接，有效地化解了资本的供求矛盾和资本结构调整的难题。

在发达的市场经济中，证券市场是完整的市场体系的重要组成部分，它不仅反映和调节货币资金的运动，而且对整个经济的运行具有重要影响。

对世界影响较大的证券市场有纽约证券交易所、东京证券交易所、伦敦证券交易所等。

我国的证券市场有上海证券交易所、深圳证券交易所、香港证券交易所和台湾证券交易所。

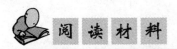
阅 读 材 料

发行市场和交易市场

按证券进入市场的顺序不同，证券市场可分为发行市场和交易市场。证券发行市场又称为"一级市场"或"初级市场"，是发行人以筹集资金为目的，按照一定的法律规定和发行程序，向投资者出售新证券所形成的市场。证券交易市场又称为"二级市场"或"次级市场"，是已发行证券通过买卖交易实现流通转让的市场。

发行市场和流通市场相互依存、相互制约，是一个不可分割的整体。发行市场是流通市场的基础和前提。流通市场是证券得以持续扩大发行的必要条件。此外，流通市场的交易价格制约和影响着证券的发行价格，是证券发行时需要考虑的重要因素。

二、证券市场的历史

（一）证券市场的形成阶段（17 世纪初—18 世纪末）

证券市场的最初萌芽可以追溯到 16 世纪初资本主义原始积累时期的西欧。当时法国的里昂、比利时的安特卫普已经有了证券交易活动，最早进入证券市场交易的是国家债券。

1602 年，在荷兰的阿姆斯特丹成立了世界上第一家股票交易所。1773 年，英国的第一家证券交易所在"乔纳森咖啡馆"成立，并于 1802 年获得英国政府的正式批准。这家证券交易所即为现在伦敦证券交易所的前身。1790 年，美国第一家证券交易所——费城证券交易所宣布成立，从事政府债券等有价证券的交易活动。1792 年 5 月 17 日，24 名经纪人在华尔街的一棵梧桐树下聚会，商定了一项名为"梧桐树协定"的协议，约定每日在梧桐树下聚会，从事证券交易，并定出了交易佣金的最低标准及其他交易条款。1817 年，这些经纪人共同组成了"纽约证券交易会"，1863 年改名为"纽约证券交易所"，这便是著名的纽约证券交易所的前身。

（二）证券市场的发展阶段（19 世纪初—20 世纪 20 年代）

从 18 世纪 70 年代开始的工业革命，到 19 世纪中叶已在各主要的资本主义国家相继完成，工业革命推动了机器制造业的迅速发展，并使股份公司在机器制造业中普遍建立起来。至 19 世纪 70—80 年代，股份公司有了极大的发展。1862 年英国有 165 家股份公司，80 年代中期，登记的股份公司达 1.5 万多家。美国、法国、德国等欧美资本主义国家在完成产业革命后，股份公司迅速成为企业的主要组织形式。股份公司的建立和发展，使有价证券发行量不断扩大。与此同时，有价证券的结构也发生了变化，在有价证券中占有主要地位的已不是政府公债，而是公司股票和企业债券。在这一阶段，世界各主要证券市场达到了飞速发展。

（三）证券市场的完善阶段（20 世纪 30 年代以来）

1929—1933 年的经济危机严重地影响了证券市场，当时世界主要证券市场股价一泻千里，市场崩溃，投资者损失惨重。大危机使各国政府清醒地认识到必须加强对证券市场的管理，于是世界各国政府纷纷制定证券市场法规和设立管理机构，使证券交易市场趋向法制化。如美国 1933—1940 年间先后制定了证券交易法、证券法、信托条款法、投资顾问法、投资银行法等。其他国家也都通过加强立法对证券市场的证券发行和证券交易实行全面监督和管理。这一阶段是证券市场的规范和完善时期。

三、我国证券市场的历史

十一届三中全会以后，随着我国经济体制改革的深入和商品经济的发展，人民收入水平不断提高，社会闲散资金日益增多，而由于经济建设所需资金的不断扩大，资金不足问题十分突出，在这种经济背景下，各方面要求建立长期资金市场，恢复和发展证券市场的呼声越来越高，我国的证券市场便在改革中应运而生。

1981 年，我国证券发行市场恢复，国家发行了国库券。此后，债券发行连年不断，发行数额不断增加，债券种类由国家债券扩展到金融债券、企业债券、国际债券等。新中国的股票发行始于 1984 年。1984 年 9 月，北京成立了第一家股份有限公司——天桥百货股份有限公司，并发行了股票。同年 11 月，由上海电声总厂发起成立的上海飞乐音响股份有限公司向社会公开发行股票。

新中国的证券交易市场始于 1986 年。1986 年 8 月，沈阳信托投资公司第一次面向社会开办了证券交易业务。1986 年 9 月，上海市几家专业银行的信托部门及信托投资公司开办了股票"柜台交易"，1988 年 4 月和 6 月，财政部先后在全国 61 个大中城市进行转让市场的试点。1990 年 11 月 26 日，国务院授权中国人民银行批准的上海证券交易所宣告成立，并于 1990 年 12 月 19 日正式营业，成为我国第一家证券交易所；1991 年 4 月 11 日，我国另一家由中国人民银行批准的证券交易所——深圳证券交易所也宣告成立，并于同年 7 月 3 日正式营业。两家证券交易所的成立，标志着我国证券市场由分散的场外交易进入了集中的场内交易。

1998 年 12 月 29 日，《中华人民共和国证券法》在第九届全国人民代表大会常务委员会第六次会议上获得通过，自 1999 年 7 月 1 日起实施。新修订的《中华人民共和国证券法》自 2006 年 1 月 1 日起施行。

四、世界主要证券市场价格指数

有价证券价格指数是指反映有价证券市场价格波动的相对数，是当代市场经济国家普遍编制的主要价格指数之一。

有价证券价格指数可分为股票价格指数和债券价格指数等，其中普遍编制的是股票价格指数。

（一）纽约道·琼斯平均指数

道·琼斯平均指数是编制最早、最能敏感反映股票行情变化的股票指数，它的全称为股票价格平均数。它是 1884 年由道·琼斯公司的创始人查理斯·道开始编制的，其最初的道·琼斯股票价格平均指数是根据 11 种具有代表性的铁路公司的股票，采用算术平均法进行计算编制而成的。

现在的道·琼斯股票价格平均指数以 1928 年 10 月 1 日为基期，因为这一天收盘时的道·琼斯股票价格平均数恰好约为 100 美元，所以就将其定为基准日。而以后股票价格同基期相比计算出的百分数，就成为各期的股票价格指数，现在的股票指数普遍用点来做单位，而股票指数每一点的涨跌就是相对于基准日的涨跌百分数。

（二）伦敦《金融时报》股票价格指数

《金融时报》股票价格指数的全称是"伦敦《金融时报》工商业普通股股票价格指数"，是由英国《金融时报》公布发表的。该股票价格指数包括从英国工商业中挑选出来的具有代表性的 30 家公开挂牌的普通股股票。它以 1935 年 7 月 1 日作为基期，其基点为 100 点。该股票价格指数以能够及时显示伦敦股票市场情况而闻名于世。

（三）标准普尔股票价格指数

标准普尔股票价格指数在美国也很有影响，它是美国最大的证券研究机构标准普尔公司编制的股票价格指数。该公司于 1923 年开始编制发表股票价格指数。最初采选了 230 种股票，编制两种股票价格指数。到 1957 年，这一股票价格指数的范围扩大到 500 种股票，分成 95 种组合。其中最重要的四种组合是工业股票组、铁路股票组、公用事业股票组和 500 种股票混合组。从 1976 年 7 月 1 日开始，改为 400 种工业股票，

20 种运输业股票，40 种公用事业股票和 40 种金融业股票。几十年来，虽然有股票更迭，但始终保持为 500 种。

（四）香港恒生指数

香港恒生指数是香港股票市场上历史最久、影响最大的股票价格指数，由香港恒生银行于 1969 年 11 月 24 日开始发布。

恒生股票价格指数包括从香港 500 多家上市公司中挑选出来的 33 家具有代表性且经济实力雄厚的大公司股票作为成分股，分为四大类——4 种金融业股票、6 种公用事业股票、9 种地产业股票和 14 种其他工商业（包括航空和酒店）股票。

恒生股票价格指数的编制以 1964 年 7 月 31 日为基期，因为这一天香港股市运行正常，成交值均匀，可反映整个香港股市的基本情况，基点确定为 100 点。

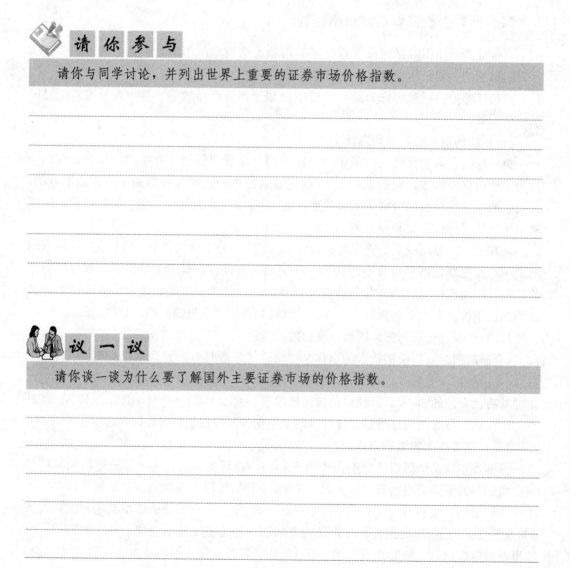

请 你 参 与

请你与同学讨论，并列出世界上重要的证券市场价格指数。

议 一 议

请你谈一谈为什么要了解国外主要证券市场的价格指数。

四、我国证券市场的价格指数

（一）股票价格指数

（1）沪深300指数。上海证券交易所和深圳证券交易所联合编制，包括上海和深圳证券市场中选取的300只规模大、流动性好的A股作为样本，其中沪市179只，深市121只。指数以样本股的调整股本为权重，按加权平均法计算股价指数，以2004年12月31日为基期，基期指数定为1 000点，自2005年4月8日正式发布。

（2）上证综合指数。上海证券交易所编制，以上海证券交易所挂牌上市的全部股票为计算范围（993只，截至2013年1月17日），包括A股和B股，以股票发行量为权重，按加权平均法计算股价指数，以1990年12月19日为基期，基期指数定为100点，自1991年7月15日起正式发布，从总体上反映了上海证券交易所上市股票价格的变动情况。

（3）上证180指数。上证成分指数（简称上证180指数）是上海证券交易所对原上证30指数进行了调整并更名而成的，其样本股是以在上海证券交易所挂牌上市的所有A股股票中抽取的最具市场代表性的180只股票，以样本股的调整股本数为权重，按加权平均法计算股价指数，基点为2002年6月28日上证30指数的收盘指数3 299.05点，2002年7月1日正式发布。

（4）深证成指。深证成分股指数（简称深圳成指）是深圳证券交易所编制的一种成分股指数，是从深圳证券交易所上市的所有股票中抽取具有市场代表性的40家上市公司的股票作为计算对象，并以流通股为权重计算得出加权股价指数，以1994年7月20日为基期，基期指数定为1 000点，1995年1月23日正式发布，综合反映深交所上市A、B股的股价走势。

（5）深证100指数。深证100指数是深圳证券信息有限公司编制的，从深圳证券交易所上市的所有A股股票中抽取具有市场代表性的100家上市公司的股票作为计算对象，并以流通股为权重计算得出加权股价指数，以2002年12月31日为基期，基期指数定为 1 000 点，2003 年 1 月 2 日正式发布。

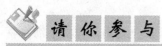 **请 你 参 与**

请你通过互联网，再列出两个能反映我国证券市场价格走势的指数。

_____

_____

_____

_____

（二）债券指数

（1）上证国债指数。上海证券交易所自 2003 年 1 月 2 日起发布上证国债指数。上证国债指数以在上海证券交易所上市的、剩余期限在 1 年以上的固定利率国债和一次还本付息国债为样本，按照国债发行量加权，基日为 2002 年 12 月 31 日，基点为 100 点。

（2）深市企业债指数。深圳证券信息有限公司于 2003 年 2 月 17 日起发布企业债指数。该指数以在交易所上市交易的固定利率且不附带转股、优先购买股票权利，剩余期限在 1 年以上（含 1 年）的企业债券为样本，以 2002 年 12 月 31 日为基准日，基日指数为 100，采用派许加权法编制。需要对成分债券进行调整的情况是：新的企业债券发行上市且符合选取原则时，调入指数；成分债券剩余期限不足 1 年时，调出指数。

（3）中国债券指数。2002 年 12 月 31 日，中央国债登记结算有限责任公司开始发布中国债券指数系列，该指数体系包括国债指数、企业债指数、政策性银行金融债指数、银行间债券指数、交易所债券指数、中短期债券指数和长期国债指数等，覆盖了交易所市场和银行间市场所有发行额在 50 亿元人民币以上，待偿期限在 1 年以上的债券，指数样本债券每月月末调整一次。该指数以 2001 年 12 月 31 日为基日，基期指数为 100，每工作日计算一次。

（三）基金指数

基金指数由上证基金指数和深证基金指数组成。上证基金指数的选样范围为在上海证券交易所上市的所有证券投资基金。该指数的基日指数为 1 000 点，指数代码为 000011，于 2000 年 5 月 9 日开始正式发布。深证基金指数的样本包括已在深圳证券交易所上市的所有证券投资基金。新上市的基金自上市后第 2 个交易日起纳入指数计算范围。深证基金指数的编制采用派许加权综合指数法计算，权数为各证券投资基金的总发行规模，以 2000 年 6 月 30 日为基日，基日指数为 1 000 点。基金指数的计算方法、修正方法与股票指数大致相同，只是基金指数不纳入上证综合指数等任何一个股价指数的编制范围。

 技 能 训 练

　　请通过互联网，再找到一个对亚洲证券市场有较大影响的证券市场指数，并把它写下来，复述给同学们听。

 **学 习 小 结**

　　通过本单元的学习，你的收获有：

单元四　了解证券投资收益与风险的关系

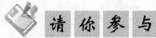

一、证券投资收益

收益和风险是并存的，通常收益越高，风险越大。投资者只能在收益和风险之间加以权衡，即在风险相同的证券中选择收益较高的，或在收益相同的证券中选择风险较小的进行投资。

（一）股票收益

股票投资的收益是指投资者从购入股票开始到出售股票为止整个持有期间的收入，它由股息收入、资本利得和公积金转增收益组成。

（1）股息与红利。股份有限公司在会计年度结算后，将一部分净利润作为股息分配给股东。其中，优先股股东按照规定的固定股息率优先取得固定股息，普通股股东则根据余下的利润分取股息。股东在取得固定的股息以后又从股份有限公司领取的收益，称为红利。现金股息，是以货币形式支付的股息和红利，是最普通、最基本的股息形式。

（2）资本利得。股票买入价与卖出价之间的差额就是资本利得，或称资本损益。若投资者低价买入股票，高价卖出股票，则该投资者的资本利得为正，否则资本利得为负。

（3）公积金转增股本。公积金转增股本也采取送股的形式，但送股的资金不是来自于当年可分配盈利，而是公司提取的公积金。公司提取的公积金有法定公积金和任意公积金。法定公积金的来源有以下几项：一是股票溢价发行时，超过股票面值的溢价部分，要转入公司的法定公积金；二是依据《中华人民共和国公司法》（以下简称《公司法》）的规定，每年从税后净利润中按比例提存部分法定公积金；三是公司经过若干年经营以后资产重估增值部分；四是公司从外部取得的赠予资产，如从政府部门、国外部门及其他公司得到的赠予资产。

（二）债券收益

债券的投资收益来自三个方面：一是债券的利息收益，二是资本利得，三是再投资收益。

（1）债券的利息收益。债券的利息收益取决于债券的票面利率和付息方式。债券的票面利率是指1年的利息占票面金额的比率。票面利率的高低直接影响着债券发行人的筹资成本和投资者的投资收益，一般是由债券发行人根据债券本身的性质和对市场条件的分析决定的。债券的付息方式是指发行人在债券的有效期间内，何时或分几次向债券持有者支付利息。付息方式既影响债券发行人的筹资成本，也影响投资者的投资收益。一般把债券利息的支付分为一次性付息和分期付息两大类。

（2）资本利得。是指债券买入价与卖出价或买入价与到期偿还额之间的差额。

（3）再投资收益。是投资债券所获现金流量再投资的利息收入。对于付息债券而言，投资期间的现金流是定期支付的利息，再投资收益是将定期所获得的利息进行再投资而得到的利息收入。

二、证券投资风险

一般而言，风险是指对投资者预期收益的背离，或者说是证券收益的不确定性。证券投资的风险是指证券预期收益变动的可能性及变动幅度。与证券投资相关的所有风险称为总风险，总风险可分为系统风险和非系统风险两大类。

（一）系统风险

系统风险是指由于某种全局性的共同因素引起的投资收益的可能变动，这些因素来自企业外部，是单一证券无法抗拒和回避的，因此又叫不可回避风险。这些共同的因素会对所有企业产生不同程度的影响，不能通过多样化投资而分散，因此又称为不可分散风险。系统风险包括政策风险、经济周期波动风险、利率风险和购买力风险等。

（1）政策风险。政策风险是指政府有关证券市场的政策发生重大变化或是有重要的法规、举措出台，引起证券市场的波动，从而给投资者带来的风险。

（2）经济周期波动风险。经济周期波动风险是指证券市场行情周期性变动而引起的风险。这种行情变动不是指证券价格的日常波动，而是指证券行情长期趋势的改变。在整个看涨行市中，几乎所有的股票价格都会上涨；在整个看跌行市中，几乎所有的股票价格都不可避免地有所下跌，只是下跌的程度不同而已。

（3）利率风险。利率从两方面影响证券价格：一是改变资金流向。当市场利率提高时，会吸引一部分资金流向银行储蓄、商业票据等其他金融资产，减少对证券的需求，使证券价格下降；当市场利率下降时，一部分资金流回证券市场，增加对证券的需求，刺激证券价格上涨。二是影响公司的盈利。利率提高，公司融资成本提高，在其他条件不变的情况下净盈利下降，派发股息减少，引起股票价格下降；利率下降，融资成本下降，净盈利和股息相应增加，股票价格上涨。

（4）购买力风险。购买力风险又称通货膨胀风险。一般来讲，可通过计算实际收益率来分析购买力风险：实际收益率＝名义收益率－通货膨胀率。

（二）非系统风险

非系统风险是指只对某个行业或个别公司的证券产生影响的风险，非系统风险是可以抵消回避的，因此又称为可分散风险或可回避风险。非系统风险包括信用风险、经营风险、财务风险等。

（1）信用风险。信用风险又称违约风险，是指证券发行人在证券到期时无法还本付息而使投资者遭受损失的风险。信用风险是债券的主要风险，政府债券的信用风险最小。

（2）经营风险。经营风险是指公司的决策人员与管理人员在经营管理过程中出现失误而导致公司盈利水平变化，从而使投资者预期收益下降的可能。

（3）财务风险。财务风险是指公司财务结构不合理、融资不当而导致投资者预期收益下降的风险。

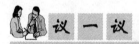 议 一 议

请谈一谈你对系统风险和非系统风险的理解，并各举出一个系统风险和非系统风险的例子。

三、证券投资风险与收益的关系

收益以风险为代价，风险用收益来补偿。投资者投资的目的是为了得到收益，与此同时，又不可避免地面临着风险。

收益与风险的基本关系是：收益与风险相对应。也就是说，风险较大的证券，其要求的收益率相对较高；反之，收益率较低的投资对象，风险相对较小。风险与收益共生共存，承担风险是获取收益的前提；收益是风险的成本和报酬。风险和收益的上述本质联系可以表述为这样的公式：预期收益率＝无风险利率＋风险补偿。

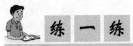 练 一 练

请举出一个风险与收益关系的例子。

 技 能 训 练

在生活中，我们听到很多人说，投资证券亏了很多钱，有很大的风险，还是把钱存在银行安全。学了本节的内容后，你会跟他怎么说？

学 习 小 结

通过本单元的学习，你的收获有：

模块二 认识金融投资工具

　　金融工具也叫金融产品、金融资产、有价证券，是指在金融市场中可交易的金融资产，是用来证明贷者与借者之间融通货币余缺的凭证，如银行存款、债券、股票、外汇、期货、期权等。因为它们是在金融市场可以买卖的产品，故称金融产品；因为它们有不同的功能，能达到不同的目的，如融资、避险等，故称金融工具；因为它们代表着拥有的财富，故称金融资产；同时，它们也是产权和债权债务关系的法律凭证，故称有价证券。

单元一　熟悉货币市场投资工具

请你参与

请把你存钱和取钱的过程给同学们讲一下。

_____

_____

_____

_____

货币市场投资工具，具体是指现金、一年以内（含一年）的银行定期存款、大额存单、剩余期限在三百九十七天以内（含三百九十七天）的债券、期限在一年以内（含一年）的债券回购、期限在一年以内（含一年）的中央银行票据，以及中国证监会、中国人民银行认可的其他具有良好流动性的金融工具。它们都具有期限短、流动性高、资金安全等特点。

一、短期储蓄品种

（一）定活两便储蓄

客户一次性存入人民币本金，不约定存期，支取时一次性支付全部本金和利息的一种储蓄存款。定活两便储蓄仅限人民币，起存金额低，一般50元起存。定活两便既有活期储蓄之便利，又可以获取定期之收益，利息按实际存期长短计算，存期越长，利息率越高。

当存款天数达到或超过整存整取的相应存期（最长的存期为一年）时，利率按支取当日挂牌该定期整存整取存期利率档次下浮一定比率确定，不分段计息，存款天数达不到整存整取的最低存期时，按支取当日挂牌活期利率计算利息。存期与利率的具体计算办法为：存期不满三个月，按活期计息，存期三个月以上不满半年的，按三个月定期存款利率打六折计息；存期半年以上，不满一年的，按半年定期存款利率打六折计息；一年以上无论存期多长，均按一年期存款利率打六折计息。上述各档次均不分段计息。

由于定活两便储蓄方便灵活，收益较高，手续简便，利率合理且存款期限不受限制，比较适合有较大结余额度、在不久的将来需要随时全额支取的客户。

（二）整存整取

整存整取是一种由储户选择存款期限，整笔一次性存入，到期一次性支取本息的定期储蓄。整存整取的起存金额低，多存不限。一般来说，人民币 50 元起存，港币 50 元、日元 100 元、其他币种为原币种 10 元起存。整存整取的存期有多种选择，人民币的存期有三个月、六个月、九个月、一年、二年、三年和五年；外币的存期有一个月、三个月、六个月、一年、二年。整存整取到期凭存单支取本息。

整存整取的利率较高，存期越长，利率越高。储户还可以根据本人意愿办理定期存款到期约定或自动转存业务。如果客户急需资金，亦可办理提前支取。未到期的定期存款，全部提前支取的，按支取日挂牌公告的活期存款利率计付利息；部分提前支取的（存期内只能部分提前支取一次），提前支取的部分按支取日挂牌公告的活期存款利率计付利息，剩余部分到期时按开户日挂牌公告的定期储蓄存款利率计付利息。当客户逾期支取时，其逾期部分按活期利率计息。

整存整取是我国普通居民常用的储蓄形式，也是传统的现金规划工具。这种储蓄方式较适合于那些一次性收入较高，未来支出日期和额度又比较确定的客户。

二、短期国债

短期国债是一国政府为满足先支后收所产生的临时性资金需要而发行的短期债券。短期国债在英美称为国库券，英国是最早发行短期国债的国家。

短期国债具有风险最低、流动性高的特点。短期国债是政府的直接负债，而政府在一国有最高的信用地位，一般不存在到期无法偿还的风险，因此，投资者通常认为投资短期国债基本上没有风险。由于短期国债的风险低、信誉高，工商企业、金融机构、个人都乐于将短期资金投资到短期国债上，并以此来调节自己的流动资产结构。

三、大额可转让定期存单

大额可转让定期存单亦称大额可转让存款证，是银行发行的一种定期存款凭证，凭证上印有一定的票面金额、存入和到期日以及利率，到期后可按票面金额和规定利率提取全部本利，逾期存款不计息，大额可转让定期存单可流通转让，自由买卖。

大额可转让定期存单具有以下几个特点：

（1）通常不记名，不能提前支取，可以在二级市场上转让；（2）大额存单按标准单位发行，面额较大；（3）发行者多是大银行；（4）期限多在 1 年以内。

四、货币市场基金

货币市场基金是一种功能类似于银行活期存款，而收益却高于活期存款的低风险投资产品，是重要的现金规划工具。

货币市场基金的投资对象为货币市场金融工具。根据 2004 年 8 月 16 日中国证监会、中国人民银行制定的《货币市场基金管理暂行规定》，货币市场基金是指仅投资于货币市场工具的基金。具体来讲，货币市场基金应当投资于以下金融工具：（1）现金；（2）一年以内（含一年）的银行定期存款、大额存单；（3）剩余期限在三百九十七天以内（含三百九十七天）的债券；（4）期限在一年以内（含一年）的债券回购；（5）期限在一年以内（含一年）的中央银行票据；（6）中国证监会、中国人民银行认可的其他具有良好流动性的货币市场工具。但不得投资于以下金融工具：（1）股票；（2）可转换债券；（3）剩余期限超过三百九十七天的债券；（4）信用等级在 AAA 级以下的企业债券；（5）中国证监会、中国人民银行禁止投资的其他金融工具。

货币市场基金具有以下几个显著的特点：

（1）本金安全。由于货币市场基金的投资对象为货币市场金融工具，这些投资对象决定了货币市场基金在各类基金中风险是最低的，事实上保证了货币市场基金的本金安全。

（2）流动性好。货币市场基金买卖方便，资金到账速度快，T＋1 或 T＋2 就可以取得资金，流动性很强。但货币市场基金的流动性略逊于活期储蓄。

（3）投资成本低。货币市场基金通常不收取申购、赎回费用，并且其管理费用也较低，货币市场基金的年管理费用为基金资产净值的 0.25％～1％，比传统的基金年管理费率（1％～2.5％）低，资金进出非常方便。

（4）投资门槛低。货币市场基金的投资门槛低，每次申购的金额起点为 1 000 元。

（5）净值为1元。货币市场基金单位资产净值是固定不变的，通常是每个基金单位1元。投资该基金后，投资者可利用收益再投资，投资收益就不断累积，增加投资者所拥有的基金份额。比如某投资者以100元投资于某货币市场基金，可拥有100个基金单位，1年后，若投资报酬是8%，那么该投资者就多8个基金单位，总共108个基金单位，价值108元。

（6）收益率相对较高。货币市场基金的收益率高于银行活期储蓄，不仅如此，货币市场基金还可以避免隐性损失，抵御通货膨胀。当出现通货膨胀时，实际利率可能很低甚至为负，货币市场基金可以及时把握利率变化及通货膨胀的趋势，获取稳定收益，成为短期抵御通货膨胀的工具。

（7）分红免税。货币市场经济的收益按天计算，每日都有利息收入，投资者可以得到复利收益，而银行的储蓄收益则是单利（活期为复利），分红免收所得税。

货币市场基金是家庭进行短期（一年以内）投资的理想投资工具，适合绝大多数家庭的现金管理。

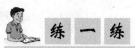

请你登录易方达基金公司的网站，找出易方达基金公司旗下的货币市场基金。

 技 能 训 练

1. 为什么说短期（1年以下）的闲置资金进行货币市场基金投资是很不错的选择？

_____

_____

_____

_____

2. 选择题

(1) 关于货币市场基金，以下说法不正确的是（　　）。

A. 与银行存款类似，没有投资风险

B. 风险低，流动性好

C. 以短期货币市场工具为投资对象

D. 增长潜力大，适合长期投资

(2) 货币市场基金能够进行投资的金融工具主要包括（　　）。

A. 剩余期限在 397 天以内（含 397 天）的债券

B. 1 年以内（含 1 年）的银行定期存款、大额存单

C. 期限在 1 年以内（含 1 年）的债券回购

D. 期限在 1 年以内（含 1 年）的商业银行票据

(3) 货币市场基金不得投资的金融工具有（　　）。

A. 股票

B. 可转换债券

C. 剩余期限超过 397 天的债券

D. 信用等级在 AAA 级以下的企业债券

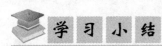 学 习 小 结

通过本单元的学习，你的收获有：

....

....

....

....

单元二　掌握资本市场投资工具——股票

请 你 参 与

请问，你们家买有股票吗？为什么买这只股票？

_____

_____

_____

_____

_____

_____

在证券市场中，股票是具有高成长性、高风险的长期投资工具。

一、股票及其特征

　　股票是指股份公司发行、证明股东的身份和权益、获取红利和股息的凭证，是股本、股份、股权的具体体现。股票实质上代表了股东对股份公司的所有权，即获得股息和红利；参加股东大会并行使权力；同时承担相应的责任与风险。

　　我国《公司法》规定，股票采用纸面形式或国务院证券管理部门规定的其他形式。股票应载明的事项主要有：公司名称、公司登记成立的日期、股票种类、票面金额及代表的股份数、股票的编号。

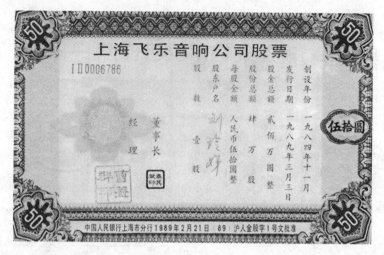

一般来说，股票具有以下几个重要的特征：

（1）收益性。收益性是股票最基本的特征。股票的收益来源可分成两类：一是来自于股份公司领取的股息和分享的公司红利，股息红利的多少取决于股份公司的经营状况和盈利水平；二是来自于股票流通，即买卖股票的差价收益，也称为资本利得。以贵州茅台为例，如果从上市的时候买入 1 万元并持有到 2012 年，其总体收益可达到40 万元。

（2）风险性。指持有股票可能产生经济利益损失的特性。股票具有较高的投资风险，比如中国远洋，2007 年上市时，每股的发行价格为 8.48 元，2007 年，其股票的最高价格涨到了 68 元之上，而 2013 年，中国远洋的每股价格只有 2.87 元。

（3）流动性。股票可自由地交易，由于其流动性高的特点，在会计上又称为流动资产。

（4）永久性。永久性是指股票所载有权利的有效性是始终不变的，股票的有效期与股份公司的存续期间是并存的关系，股票代表着股东的永久性投资。

（5）参与性。持有公司股票的股东，可以参与公司的重大决策活动，股东通过出席股东大会，选举公司董事会来实现参与性。

练 一 练

你能举出一个例子，说明股票投资的风险和收益吗？

二、股票的类型

(一)普通股票和优先股票

股票按股东享有的权利不同可分为普通股票和优先股票。普通股票是最常见的股票，持有者享有股东最基本的权利义务，其权利大小随公司盈利水平的高低变化。股东享有经营决策参与权、盈利和剩余财产分配权以及优先认股权。

优先股票是指股东享有某些优先权。与普通股票相比，优先股具有股息率固定、股息分派优先、剩余财产分配优先等特点。一般情况下，持有优先股的股东无表决权。

(二)按股票是否记载股东姓名可分为记名股票和不记名股票

记名股票是指在股票票面和公司股东名册上记名。名称一般规定自然人姓名，以及由国家授权投资的机构和法人名称。更换姓名或名称，应履行变更手续。我国规定发起人、授权投资机构以及法人股都为记名股票；而社会公众持有的股票，可以记名，也可以不记名。

不记名股票是指在股票票面和股份公司股东名册上均不记载股东姓名的股票。与记名股票的差别在股票的记载方式上。不记名股票在发行时一般留有存根联，包括股票主体（即公司名称、股票代表的股份数）和股息票（用来进行股息结算以及行使增资权利）。

（三）按股票是否有票面金额可分为有面额股票和无面额股票

有面额股票是指票面记载金额，其也称为票面金额、票面价值以及股票面值。票面金额以国家主币为单位。我国《公司法》规定，股票发行价格的最低界限为票面金额。

无面额股票是指票面不登载金额，只记载股数以及占总股本的比例，又被称为比例股票或股份股票。无面额股票仍然有价值，价值的高低取决于股份公司资产的价值。这种股票的特点：第一，发行或转让价格灵活，更加注重股票的实际价值；第二，便于股票分割。

三、我国现行的股票类型

在我国，按投资主体的不同性质，将股票划分为国家股、法人股、社会公众股和外资股等不同类型。

（一）国家股

国家股一般是指国家投资或经过评估并经国有资产管理部门确认的国有资产折成的股份。国家股的股权所有者是国家，由国有资产管理机构或其授权单位、主管部门行使国有资产的所有权职能。例如，全民所有制企业改制成为股份公司后，全民所有制企业的资产就折算成国家股。

（二）法人股

企业法人、具有法人资格的事业单位和社会团体以其可支配的资产投入公司形成的非上市流通的股份。法人持股形成的是所有权关系，是法人经营自身财产的投资行为，但必须以法人登记。如果具有法人资格的国有企业、事业单位以及其他单位以其依法占用的法人资产向独立于自己的股份公司投资形成或取得的股份，就属于国有法人股，它是国有股权的一部分（另一部分为国家股）。

（三）社会公众股

社会公众股是指我国境内个人和机构，以其合法财产向公司可上市流通股权部分投资所形成的股份。

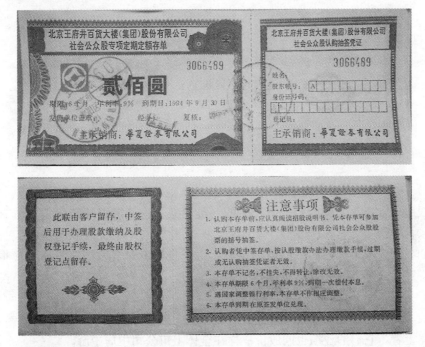

（四）外资股

外资股是指股份公司向外国和我国香港、澳门、台湾地区投资者发行的股票。它是我国股份公司吸收外资的一种方式，主要包括境内上市外资股和境外上市外资股两种。

四、常见股票称谓及含义

（一）蓝筹股、成长股和红筹股

蓝筹股是指长期稳定增长的、大型的传统工业股及金融股。此类上市公司的特点是业绩优良、收益稳定、股本规模大、红利优厚、股价走势稳健、市场形象良好。蓝筹股并非一成不变，随着公司经营状况的改变及经济地位的升降，蓝筹股的排名也会变更。

成长股是指公司的销售额和利润额持续增长，而且其速度快于整个国家和本行业的增长。这些公司通常有宏图伟略，注重科研，留有大量利润作为再投资以促进其扩张。

红筹股是指在中国境外注册，在香港上市但主要业务在中国内地或大部分股东权益来自中国内地的股票。

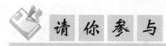

（二）一线股、二线股与三线股

一线股通常指股票市场上价格较高的一类股票。这些股票业绩优良或具有良好的发展前景，股价领先于其他股票。大致上，一线股等同于绩优股和蓝筹股。一些高成长股，如我国证券市场上的一些高科技股，由于投资者对其发展前景充满憧憬，它们也位于一线股之列。一线股享有良好的市场声誉，为机构投资者和广大中小投资者所熟知。

二线股是价格中等的股票。这类股票在市场上数量最多。二线股的业绩参差不齐，但从整体上看，它们的业绩也同股价一样在全体上市公司中居中游。

三线股是指价格低廉的股票。这些公司大多业绩不好，前景不妙，有的甚至已经到了亏损的境地。也有少数上市公司，因为发行量太大，或者身处夕阳行业，缺乏高速增长的可能，难以塑造出好的投资概念来吸引投资者。这些公司虽然业绩尚可，但股价却徘徊不前，也被投资者视为三线股。

（三）A股、B股、H股、N股、S股、L股

A股是人民币普通股票。它是由我国境内的公司发行，供境内机构、组织或个人（不含台、港、澳投资者）以人民币认购和交易的普通股票。

B股的正式名称是人民币特种股票，它是以人民币标明面值，以外币认购和买卖，在境内（上海、深圳）证券交易所上市交易的。它的投资人限于外国的自然人、法人和其他组织，我国香港、澳门、台湾地区的自然人、法人和其他组织，定居在国外的中国公民。现阶段B股的投资人，主要是上述几类中的机构投资者。B股公司的注册地和上市地都在境内。只不过投资者在境外或在我国香港、澳门及台湾地区。

H股，即注册地在内地、上市地在我国香港的外资股。香港的英文是 Hong Kong，取其字首，在港上市外资股就叫做 H 股。以此类推，纽约的第一个英文字母是 N，新

加坡的第一个英文字母是 S，伦敦的第一个英文字母是 L，纽约、新加坡和伦敦上市的股票就分别叫做 N 股、S 股和 L 股。

（四）ST、＊ST、S＊ST 与 SST

ST 股票是针对出现财务状况或其他异常状况的上市公司进行特别处理的股票。ST 是英文 Special Treatment 的缩写，意即"特别处理"，ST 股票日涨跌幅限制为 5%。＊ST 是指由证券交易所对存在股票终止上市风险的公司股票交易实行"警示存在终止上市风险的特别处理"，是在原有"特别处理"基础上增加一种类别的特别处理；S＊ST 股票是公司经营连续三年亏损，退市预警加还没有完成股改的股票；SST 股票是公司经营连续两年亏损，特别处理加还没有完成股改的股票。

（五）大盘股、中盘股、小盘股

大盘股、中盘股、小盘股没有统一的划分标准。按照公众的约定俗成，大盘股是指股本比较大的股票。一般以 100 亿的流通股为基准，或以上市公司的市值为基准。比如中国石油、工商银行、中国人寿、中国平安、中国石化、宝钢股份等。这些上市公司发行的股份多，市值大。小盘股通常指流通盘在一亿以下，市值不超过 50 亿的股票。介于大盘股和小盘股之间的股票属于中盘股。

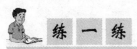

练　一　练

请你通过互联网，找出三只 ST 股票，把它们的公司名称、股票名称写出来。

技　能　训　练

1. 为什么说只有长期闲置的资金，投资股票才比较稳妥？

2. 选择题

（1）股票实质上代表了股东对股份公司的（　　）。

A. 产权　　　　　　B. 债券　　　　　　C. 物权　　　　　　D. 所有权

（2）记名股票和不记名股票的差别在于（　　）。

A. 股东权利　　　　B. 股东义务　　　　C. 出资方式　　　　D. 记载方式

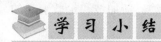

学 习 小 结

通过本单元的学习，你的收获有：

_____

_____

_____

_____

_____

_____

单元三　掌握资本市场投资工具——债券

请 你 参 与

请问，购买债券有什么优缺点？

_____

_____

_____

_____

一、什么是债券

债券是发行人依照法定程序发行，并约定在一定期限还本付息的有价证券。它反映了发行者和投资者之间的债权、债务关系，而且是这一关系的法律凭证。

继出台债券利息所得税减半政策后，
另出台文件：中国铁路建设债券为政府支持债券。

债券属于有价证券。一方面，债券反映和代表一定的价值。债券本身有一定的面值，通常它是债券投资者投入资金的量化表现。同时，持有债券可按期取得利息，利息也是债券投资者收益的价值表现。另一方面，债券与其代表的权利联系在一起，拥有债券也就拥有了债券所代表的权利，转让债券也就将债券代表的权利一并转移。

尽管债券有面值，代表了一定的财产价值，但它也只是一种虚拟资本，而非真实资本。因为债券的本质是证明债权债务关系的证书，在债权债务关系建立时所投入的资金已被债务人占用，因此，债券是实际运用的真实资本的证书。债券的流动并不意味着它所代表的实际资本也同样流动，债券是独立于实际资本之外的。

债券是债权的表现。债券代表债券投资者的权利，这种权利不是直接支配财产，也不以资产所有权表现，而是一种债权。拥有债券的人是债权人。以公司债为例，公司的债权人除了按期取得本息外，对债务人的经营管理不能干预。

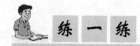

练 一 练

企业发行债券的目的何在?

_____

_____

_____

二、债券的票面要素

债券的基本要素有四个:票面价值、债券价格、偿还期限、票面利率。

(1)票面价值。债券的票面价值简称面值,是指债券发行时设定的票面金额,我国发行的债券一般是每张面值 100 元人民币。

(2)债券价格。债券的价格包括发行价格和交易价格。债券的发行价格可能不等同于债券面值。当债券发行价格高于面值时,称为溢价发行;当债券发行价格低于面值时,称为折价发行;当债券发行价格等于面值时,称为平价发行。

(3)偿还期限。债券的偿还期限是个时间段,起点是债券的发行日期,终点是债券票面上标明的偿还日期。偿还日期也称为到期日,在到期日,债券的发行人偿还所有本息,债券代表的债权债务关系终止。

(4)票面利率。票面利率是指每年支付的利息与债券面值的比例。投资者获得的利息就等于债券面值乘以票面利率。

三、债券投资的特征

(1)偿还性。偿还性是指债券有规定的偿还期限,债务人必须按期向债权人支付利息和偿还本金。债的偿还性使得资金筹措者不能无限期地占用债券购买者的资金,换言之,它们之间的借贷关系将随偿还期结束、还本付息手续完毕而不复存在。这一特征与股票的永久性有很大的区别。

（2）流动性。流动性是指债券持有人可按自己的需要和市场的实际状况，灵活地转让债券，以提前收回本金和实现投资收益。流动性首先取决于市场为转让所提供的便利程度；其次还表现为债券在迅速转变为货币时，是否在以货币计算的价值上蒙受损失。

（3）安全性。安全性是指债券持有人的收益相对固定，不随发行者经营收益的变动而变动，并且可按期收回本金。一般来说，具有高度流动性的债券同时也是较安全的。

（4）收益性。收益性是指债券能为投资者带来一定的收入，即债权投资的报酬。在实践中，债券收益可以表现为两种形式：一种是利息收入，另一种是资本损益。

四、债券的种类

政府债券是指政府财政部门或其他代理机构为筹集资金，以政府名义发行的债券，主要包括国库券和公债两大类，其用途主要是用于弥补国家财政赤字和公共设施建设、重点项目建设等。

金融债券是银行等金融机构作为筹资主体为筹措资金而面向个人发行的一种有价证券，是表明债务、债权关系的一种凭证。发行的目的是用于特定用途以及改善银行的资产负债结构。它属于银行等金融机构的主动负债。目前我国的金融债券主要有央行票据、证券公司债券、商业银行次级债券、保险公司次级债券、证券公司短期融资债券和混合资本证券。

公司债券是指公司依照法定程序发行的，约定在一定期限还本付息的有价证券。是公司向债券持有人出具的债务凭证。一般由上市公司发行，但有的国家也允许非上市的企业发行债券。

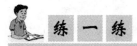

_____

_____

_____

_____

五、债券的形态

实物债券是指具有标准格式实物券面的债券。例如，无记名国债以实物券的形式记录债权、面值等。实物券具有不记名、不挂失、可上市流通的特点。

凭证式债券是指债权人认购债券的收款凭证，一般券面无金额，填写认购人缴款的实际数额。可记名、挂失，不能上市流通，类似于储蓄存单。

记账式债券是没有实物形态的债券，其发行和交易均无纸化。利用账户通过电脑系统完成债券发行、交易及兑付的全过程。我国1994年开始发行记账式国债。该债券买卖，必须在证券交易所设立账户。可以记名、挂失，具有发行时间短，交易手续简便，成本低，交易安全等特点。

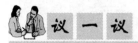

议一议

请你谈一谈债券与股票的区别。

技能训练

1. 对于普通居民来说，债券是他们比较好的投资选择吗？

2. 选择题

(1) 债券是一种有价证券，是社会各类经济主体为筹集资金而向债券投资者出具的、承诺按一定利率定期支付利息的并到期偿还本金的（   ）凭证。

A. 所有权、使用权　　　　　　　B. 债权债务

C. 转让权　　　　　　　　　　　D. 股权

(2) 根据发行主体的不同，债券可以分为（   ）。

A. 零息债券、附息债券和息票累积债券

B. 实物债券、凭证式债券和记账式债券

C. 政府债券、金融债券和公司债券

D. 国债和地方债券。

学习小结

通过本单元的学习，你的收获有：

单元四　掌握资本市场投资工具——证券投资基金

请问，购买证券投资基金有哪些优缺点？

一、认识证券投资基金

证券投资基金是指通过发售基金份额，将众多投资者的资金集中起来，形成独立财产，由基金托管人托管，基金管理人管理，以投资组合的方式进行证券投资的一种利益共享、风险共担的集合投资方式。美国称"共同基金"，英国和我国香港地区称"单位信托基金"，日本和我国台湾地区则称"证券投资信托基金"。

《中华人民共和国证券投资基金法》（以下简称《证券投资基金法》）规定，我国的证券投资基金可投资于股票、债券和国务院证券监督管理机构规定的其他证券品种。

证券投资基金通过发行基金份额的方式募集资金，个人投资者或机构投资者通过购买一定数量的基金份额参与基金投资。基金所募集的资金在法律上具有独立性，由选定的基金托管人保管，并委托基金管理人进行股票、债券的分散化组合投资。基金投资者是基金的所有者。基金投资收益在扣除由基金承担的费用后的盈余全部归基金投资者所有，并依据各个投资者所购买的基金份额的多少在投资者之间进行分配。与其他的投资工具相比，证券投资基金具有如下特点。

（一）集合理财，专业管理

基金将众多投资者的资金集中起来，委托基金管理人进行共同投资，表现出一种集合理财的特点。通过汇集众多投资者的资金，积少成多，有利于发挥资金的规模优势，降低投资成本。基金由基金管理人进行投资管理和运作。基金管理人一般拥有大量的专业投资研究人员和强大的信息网络，能够更好地对证券市场进行全方位的动态跟踪与分析。将资金交给基金管理人管理，使中小投资者也能享受到专业化的投资管理服务。

（二）组合投资，分散风险

为降低投资风险，我国《证券投资基金法》规定，基金必须以组合投资的方式进行基金的投资运作，从而使"组合投资、分散风险"成为基金的一大特色。基金通常会购买几十种甚至上百种股票，投资者购买基金就相当于用很少的资金购买了一篮子股票，某些股票下跌造成的损失可以用其他股票上涨的盈利来弥补。因此投资者可以充分享受到组合投资、分散风险的好处。

（三）利益共享，风险共担

基金投资者是基金的所有者。基金投资人共担风险，共享收益。基金投资收益在扣除由基金承担的费用后的盈余全部归基金投资者所有，并依据各投资者所持有的基金份额比例进行分配。为基金提供服务的基金托管人、基金管理人只能按规定收取一定的托管费、管理费，并不参与基金收益的分配。

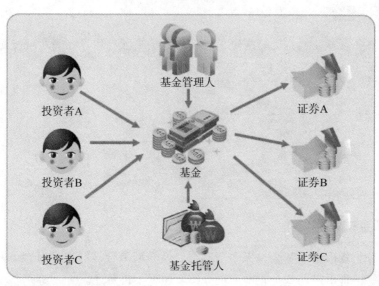

（四）严格监管，信息透明

为切实保护投资者的利益，增强投资者对基金投资的信心，中国证监会对基金业实行比较严格的监管，对各种有损投资者利益的行为进行严厉的打击，并强制对基金进行较为充分的信息披露。在这种情况下，严格监管与信息透明也就成为基金的一个显著特点。

（五）独立托管，保障安全

基金管理人负责基金的投资操作，本身并不经手基金财产的保管。基金财产的保管由独立于基金管理人的基金托管人负责。这种相互制约、相互监督的制衡机制对投资者的利益提供了重要的保护。

二、基金与股票、债券的区别

基金与股票、债券所反映的经济关系不同。股票反映的是所有权关系，是一种所有权凭证，投资者购买后就成为该公司的股东。债券反映的是债权债务关系，是一种债权凭证，投资者购买后就成为该公司的债权人。基金反映的是信托关系，是一种受益凭证，投资者购买基金份额后就成为其基金受益人。

基金与股票、债券所筹资金的投向不同。股票是直接投资工具，所筹资金主要投向实业领域。债券是直接投资工具，所筹资金主要投向实业领域。基金是间接投资工具，所筹资金主要投向有价证券等金融工具。

基金与股票、债券的投资收益与风险大小不同。股票具有高风险、高收益的特点；债券具有低风险、低收益的特点。与它们相比，基金的最大优势在于投资风险的分散。

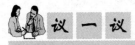

议一议

证券投资基金与股票相比较来说，其投资的优势主要体现在哪几个方面？

三、基金的种类

基金可分为货币市场基金、保本型基金、债券型基金、股票型基金、混合型基金、创新型基金等。货币市场基金在前面已介绍，这里不再赘述。

（一）保本型基金

保本型基金主要是将大部分的本金投资在具有固定收益的投资工具上，如定期存款、债券、银行间票据等，让到期时的本金加利息大致等于期初所投资的本金，以保证基金持有人能拿到本金；另外，基金资产中极小比例的本金投资在具有高风险的衍生性金融工具上，以赚取投资期间的市场利差。

1. 保本型基金的特点

保本型基金的最大特点是其招募说明书中明确规定有相关的担保条款，即在满足一定的持有期限后，为投资者提供本金或收益的保障。

2. 保本型基金的类型

境外的保本基金形式多样。其中，基金提供的保证有本金保证、收益保证和红利保证，具体比例由基金公司自行规定。通常，保本基金若有担保人，则可为投资者提供到期后获得本金和收益的保障。

3. 保本型基金的投资风险

首先，保本型基金有一个保本期，投资者只有持有到期后才获得本金保证或收益保证。基金持有人在认购期结束申购的基金份额不适用保本条款。

其次，收益有限。"保本"性质一定程度上限制了基金收益的上升空间。

此外，尽管投资保本型基金亏本的风险几乎等于零，但投资者仍必须考虑投资的机会成本与通货膨胀损失。投资时间的长短，决定投资机会成本的高低，投资期间越长、投资的机会成本越高。

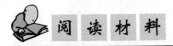 阅 读 材 料

保本型基金的投资策略

保本型基金虽然投资人到期赎回基金时，可以拿回某一比例的本金，但是并非所有的保本型基金都是百分之百的保本，在保本的范围上，大致区分为"完全保本但不保息"、"完全保本及保障利息"及"只保障部分本金及固定利息收入"三种，因此并非所有的保本型基金都提供100%的保本设计。

简单来说，以100万元、保本比率100%的保本基金为例，投资公司为了提供百分之百的本金保障，在初期时购买利率为5%的一年期零息票券，期初支付95万元，一年后可以拿回100万元，达到保本之目的；另外将剩余的5万元用于购买指数选择权，假设一单位的选择权要10万元，5万元只可以买到0.5个单位的选择权，若到期时，选择权获利30%，由于该契约只能购买0.5个单位，因此可以获得报酬率为30%×0.5＝15%，此0.5就是契约上所说的参与率。所以，保本比率越高参与率就越低，相对的投资风险较低，因此保本比率的设计对于投资报酬率及投资风险有相当重要的影响，投资人在投资保本型基金时，可以视自己的风险需求来决定保本的比例。

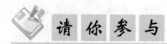 **请 你 参 与**

_____

_____

_____

_____

_____

_____

（二）债券型基金

　　根据中国证监会对基金类别的分类标准，80％以上的基金资产投资于债券的为债券基金，由于债券型基金以国债、金融债等固定收益类金融工具为主要投资对象，其投资的产品收益比较稳定，又被称为"固定受益基金"。

　　1. 债券型基金的特点

　　低风险、低收益是债券型基金的一大特点。由于债券型基金的投资对象——债券，收益稳定、风险也较小，所以，债券型基金风险较小；债券型基金投资于债券，每一时期都有利息回报，到期还承诺还本付息，因此债券基金的收益较为稳定；由于债券投资管理不如股票投资管理复杂，因此债券基金的管理费也相对较低。

　　2. 债券型基金的类型

　　根据投资股票的比例不同，债券型基金又可分为纯债券型基金与偏债券型基金。两者的区别在于，纯债券型基金不投资股票，而偏债券型基金可以投资少量的股票。偏债券型基金的优点在于可以根据股票市场走势灵活地进行资产配置，在控制风险的条件下分享股票市场带来的机会。

一般来说，债券型基金不收取认购或申购的费用，赎回费率也较低。

练 一 练

　　请你在网上找出三只纯债券型基金，三只偏债券型基金，并写出它们的名称、所属的基金公司和基金经理的名称。

_____

_____

_____

（三）股票型基金

根据中国证监会对基金类别的分类标准，60％以上的基金资产投资于股票的为股票型基金。股票型基金以追求长期的资本增值为目标，比较适合长期投资。

1. 股票型基金的特点

与投资者直接投资于股票市场相比，股票型基金具有风险分散，费用较低等特点。对投资来说，投资股票型基金，不仅可以分享各类股票的收益，而且也可以通过投资于股票型基金而将风险分散于各类股票上，大大降低了投资风险。

从资产流动性来看，股票型基金具有流动性强、变现性高的特点。与其他类型的基金相比，股票型基金的风险较高，但预期收益也较高。与房地产一样，股票型基金提供了应付通货膨胀最有效的手段。

2. 股票型基金的类型

从投资策略角度来说，股票型基金可以细分为价值型、成长型和平衡型。

（1）价值型基金的风险最小，但收益也较低，适合想分享股票型基金收益，但更倾向于承担较小风险的投资者。通常来说，价值型基金采取的投资策略是低买高卖，重点关注股票价格是否合理。因此，价值型投资的第一步就是寻找价格低廉的股票。价值型基金多投资于公用事业、金融、工业原材料等较稳定的行业，而较少投资于市盈率倍数较高的股票，如网络科技、生物制药类的公司。

（2）成长型基金适合愿意承担较大风险的投资者。因为这一类基金风险最高，赚取高收益的成长空间相对也较大。成长型基金在选择股票的时候对股票的价格考虑得较少，多投资处于成长期的公司，在具体选股时，更青睐投资具有成长潜力如网络科技、生物制药和新能源材料类上市公司。

（3）平衡型基金则是处于价值型和成长型之间的基金，在投资策略上一部分投资于股价被低估的股票，一部分投资于成长型行业上市公司的股票。在三类基金中，平衡型基金的风险和收益介于上述两者之间，适合大多数投资者。

请你在网上找出最近三年表现最好的 5 只股票型基金，写出它们的名称、所属的基金公司和基金经理。

_____

_____

_____

_____

（四）混合型基金

混合型基金是指投资于股票、债券以及货币市场工具的基金，且不符合股票型基金和债券型基金的分类标准的基金。

混合型基金设计的目的，是让投资者通过选择一款基金品种就能实现投资的多元化，而无须去分别购买风格不同的股票型基金、债券型基金和货币市场基金。混合型基金会同时使用激进和保守的投资策略，其回报和风险要低于股票型基金，高于债券和货币市场基金，是一种风险适中的理财产品。一些运作良好的混合型基金回报甚至会超过股票型基金的水平。

根据股票、债券投资比例以及投资策略的不同，混合型基金又可以分为偏股性基金、偏债型基金、配置型基金等多种类型。

（五）创新型基金

1. ETF 基金

ETF 基金是英文 Exchange Traded Funds 的简称，常被译为"交易所交易基金"，上证所则译为"交易型开放式指数基金"。

ETF 是一种在交易所上市交易的、基金份额可变的基金运作方式。ETF 结合了封闭式基金和开放式基金的运作特点，投资者一方面可以像封闭式基金一样在交易所二级市场进行 ETF 的买卖，另一方面又可以像开放式基金一样申购、赎回。不同的是它的申购是用一篮子股票换取 ETF 份额，赎回时也是换回一篮子股票而不是现金。这种交易制度使该类基金存在一、二级市场之间的套利机制，可有效防止类似封闭式基金的大幅折价。

 练 一 练

请你在网上找出 5 只 ETF 基金，并写出它们的名称、所属的基金公司和跟踪的指数。

_____

_____

_____

2. LOF 基金

LOF 是指通过深交所交易系统发行并上市交易的开放式基金。上市开放式基金募集期内，投资者除了可以通过基金管理人及其代销机构（如银行营业网点）申购之外，还可以在具有基金代销资格的各证券公司营业部通过深交所交易系统认购。

上市开放式基金发行结束后，投资者既可以在指定网点申购与赎回基金份额，也可以在交易所买卖该基金。不过投资者如果是在指定网点申购的基金份额，想要在交易所上网抛出，须办理一定的转登记手续；同样，如果是在交易所网上买进的基金份额，想要在指定网点赎回，也要办理一定的转登记手续。

因此，LOF 本身就是开放式基金，只是和此前的开放式基金相比，增加了可上市交易这一特性，是一种交易方式创新。

 练一练

请你说出 5 只 LOF 基金，并写出它们的名称、所属的基金公司和基金的投资风格。

_____

_____

_____

 技能训练

1. 对于普通居民来说，基金也是他们比较好的投资选择，你是如何理解的？

2. 选择题

(1) 债券型基金的主要特点表现为（　　　）。

A. 集合理财、专业管理　　　　　　　B. 组合投资、分散风险

C. 利益共享、风险共担　　　　　　　D. 独立托管、保障安全

(2) 证券投资基金集合理财、专业管理主要表现在（　　　）。

A. 汇集众多投资者资金，积少成多，有利于发挥资金的规模优势

B. 基金管理人一般拥有大量的专业投资研究人员和强大的信息网络，能够更好地对证券市场进行全方位的动态跟踪与分析

C. 将资金交给基金管理人管理，使中小投资者也能享受到专业化的投资管理服务

D. 集中研究基金收益分配

学 习 小 结

通过本单元的学习，你的收获有：

_____

_____

_____

_____

单元五　了解资本市场投资工具——金融衍生工具

请 你 参 与

请给同学们讲一讲你所知道的几种金融衍生产品。

_____

_____

_____

_____

金融衍生工具，又称金融衍生产品，是在货币、债券、股票等传统金融工具的基础上衍化和派生的，以杠杆和信用交易为特征的金融工具。

一、金融衍生工具的基本特征

金融衍生工具是交易双方通过对利率、汇率、股价等因素的变动趋势的预测，约定在未来某一时间按照一定条件进行交易或选择是否交易的合约。无论是哪一种金融衍生工具，都会影响交易者在未来一段时间内或某时点上的现金流。

金融衍生工具交易一般只需要支付少量的保证金或权利金，就可以签订远期大额合约或互换不同的金融工具。例如，若期货交易保证金为合约金额的 5%，则期货交易者可以控制 20 倍于所投资金额的合约资产，实现以小搏大的效果。在收益可能成倍放大的同时，投资者所承担的风险与损失也会成倍放大，基础工具价格的轻微变动也许就会带来投资者的大盈大亏。金融衍生工具的杠杆效应也决定了它的高投机性和高风险性。

金融衍生工具的交易后果取决于交易者对基础工具未来价格的预测和判断的准确程度。基础工具价格的变幻莫测决定了金融衍生工具交易盈亏的不稳定性，这是金融衍生工具风险性的重要体现。

二、金融衍生工具的作用

（1）规避风险。通过金融衍生品与传统金融工具组合，投资者可以将一个市场的损失由另一个市场的收益来弥补，其实是将汇率、利率、股票价格等的变化锁定在较小的范围内。

（2）投资获利。由于金融衍生工具交易存在明显的杠杆效应，投资者如果判断正确、操作得当，就可以获得较高的收益。此外，金融衍生工具交易通常可以采用双向交易，从而增加了投资者的获利机会。例如，一般股票市场只有做多才能获利，股票价格下跌就无利可图，但利用股票价格指数期货进行做空交易，也可以获得收益。

（3）价格发现。金融衍生品的场内交易拥有众多的投资者，通过竞价方式进行交易，市场竞争比较充分，能够在很大程度上反映金融商品价格走势的预期。金融衍生工具的交易价格一经产生就能通过先进的通信系统传播到各个角落，成为重要的价格信息。

（4）增强市场流动性。金融衍生品交易，使得金融市场的各类风险能够被有效转移，因而提高了资本运作的效率和速度，增强了市场的流动性。

金融衍生工具虽然是有效的风险管理工具，但也有可能成为巨大的风险源。金融衍生工具具有较高的杠杆比率，投资者利用较少的资金就可以控制十几倍、几十倍的交易，基础价格的轻微变动便会导致金融衍生工具交易账户的巨大变动。此外，金融衍生工具推出时并不一定完善，有可能导致投资者难以理解和掌握，甚至操作失误从而造成损失。

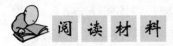

阅读材料

对冲基金

对冲基金（Hedge Fund），也称避险基金或套利基金，是指由金融期货和金融期权等金融衍生工具与金融组织结合后以高风险投机为手段并以盈利为目的的金融基金，意为"风险对冲过的基金"。

对冲基金采用各种交易手段，对冲、换位、套头、套期来赚取巨额利润。这些概念已经超出了传统的防止风险、保障收益操作范畴。加之发起和设立对冲基金的法律门槛远低于互惠基金，使之风险进一步加大。为了保护投资者，北美的证券管理机构将其列入高风险投资品种行列，严格限制普通投资者介入。如规定每个对冲基金的投资者应少于100人，最低投资额为100万美元等。

经过几十年的演变，对冲基金已失去其初始的风险对冲的内涵，Hedge Fund 的称谓亦徒有虚名。对冲基金已成为一种新的投资模式的代名词，即基于最新的投资理论和极其复杂的金融市场操作技巧，充分利用各种金融衍生产品的杠杆效用，承担高风险，追求高收益的投资模式。

三、金融衍生工具的种类

（一）按照金融衍生工具所依附的基础工具不同分类

（1）股权式衍生工具。主要包括股票期货、股票期权、股票指数期货、股票指数期权以及上述合约的混合交易合约。

（2）货币衍生工具。主要包括远期外汇合约、货币期货、货币期权、货币互换以及上述合约的混合交易合约。

（3）利率衍生工具。主要包括远期利率协议、利率期货、利率期权、利率互换以及上述合约的混合交易合约。

（二）按照金融衍生工具自身交易的方法及特点分类

（1）金融远期合约。指合约双方同意在未来日期按照固定价格买卖基础金融资产的合约。金融远期合约规定了将来交割的资产、交割的日期、交割的价格和数量，合约条款根据双方需求协商确定。金融远期合约主要包括远期利率协议、远期外汇合约和远期股票合约。

（2）金融期货。指买卖双方在有组织的交易所内以公开竞价的形式达成的，在将来某一特定时间交收标准数量特定金融工具的协议。主要包括货币期货、利率期货、股票指数期货和股票期货四种。

（3）金融期权。指合约买方向卖方支付一定费用（称为期权费或期权价格），在约定日期内（或约定日期）享有按事先确定的价格向合约卖方买卖某种金融工具的权利的契约。包括现货期权和期货期权两大类。

（4）金融互换。指两个或两个以上的当事人按共同商定的条件，在约定的时间内定期交换现金流的金融交易。主要有货币互换和利率互换两类。

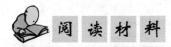

阅 读 材 料

巴林银行倒闭

一、事件发生

1995 年 2 月，具有 230 多年历史、在世界一千家大银行中按核心资本排名第 489 位的英国巴林银行宣布倒闭，这一消息在国际金融界引起了强烈震动。

巴林银行的倒闭是由于该行在新加坡的期货公司交易形成巨额亏损引发的。1992 年，新加坡巴林银行期货公司开始进行金融期货交易不久，前台首席交易员（而且是后台结算主管）里森即开立了"88888"账户。开户表格上注明此账户是"新加坡巴林期货公司的误差账户"，只能用于冲销错账，但这个账户却被用来进行交易，甚至成了里森赔钱的"隐藏所"。里森通过指使后台结算操作人员在每天交易结束后和第二天交易开始前，在"88888"账户与巴林银行的其他交易账户之间做假账进行调整。通过假账调整，里森反映在总行其他交易账户上的交易始终是盈利的，而把亏损掩盖在"88888"账户上。

二、股指期货等衍生品交易的亏损分析

经调查发现，巴林期货新加坡公司 1995 年交易的期货合约是日经 225 指数期货、日本政府债券期货和欧洲日元期货，实际上所有的亏损都是前两种合约引起的。

（一）来自日经 225 指数期货的亏损

自 1994 年下半年起，里森认为日经指数将上涨，逐渐买入日经 225 指数期货，不料 1995 年 1 月 17 日关西大地震后，日本股市反复下跌，里森的投资损失惨重。里森当时认为股票市场对神户地震反映过激，股价将会回升，为弥补亏损，里森一再加大投资，以期翻本。2 月 23 日，日经指数急剧下挫，9503 合约收盘价跌至 17 473 点以下，导致无法弥补损失，累计亏损达到了 480 亿日元。

（二）来自日本政府债券的空头期货合约的亏损

里森认为日本股票市场股价将会回升，而日本政府债券价格将会下跌，因此在

1995 年 1 月 16 日—24 日大规模建日经 225 指数期货多仓的同时，又卖出大量日本政府债券期货。1 月 17 日关西大地震后，在日经 225 指数出现大跌的同时，日本政府债券价格出现了普遍上升，使里森日本政府债券的空头期货合约也出现了较大亏损，在 1 月 1 日到 2 月 27 日期间就亏损 1.9 亿英镑。

（三）来自股指期权的亏损

里森在进行以上期货交易时，还同时进行日经 225 期货期权交易，大量卖出鞍马式选择权。鞍马式期权获利的机会建立在日经 225 指数小幅波动上，因此日经 225 指数出现大跌，里森作为鞍马式选择权的卖方出现了严重亏损，到 2 月 27 日，期权头寸的累计账面亏损已经达到 184 亿日元。

截至 1995 年 3 月 2 日，巴林银行亏损额达 9.16 亿英镑，约合 14 亿美元。3 月 5 日，国际荷兰集团与巴林银行达成协议，接管其全部资产与负债，更名为"巴林银行有限公司"；3 月 9 日，此方案获英格兰银行及法院批准。至此，巴林银行 230 年的历史终于画上了句号。

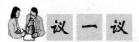

议 一 议

从巴林银行倒闭事件上，请你谈一谈对金融衍生品风险的理解？

练 一 练

请你找出 5 种金融衍生工具，分别写出它们的名称。

技 能 训 练

通过互联网，了解股指期货合约，并谈一谈你对股指期货的理解。

 学 习 小 结

通过本单元的学习，你的收获有：

 # 模块三　金融工具的发行与交易

☞ **时间分配建议**

　　建议安排 4 个课时，每个课时 50 分钟。

☞ **学习目标**

　　本模块学习完成后，你应当能够：

　　1. 了解股票发行与交易的相关制度与规则；

　　2. 熟悉债券发行与交易的相关制度与规则；

　　3. 熟悉基金募集与交易的相关制度与规则。

☞ **内容概览**

　　本模块以投资工具这一主线，先后介绍了股票的发行与交易的相关制度与规则、债券发行与交易的相关制度与规则以及基金募集与交易的相关制度与规则等。

☞ **学习方法建议**

　　独立学习、小组讨论与展示相结合。

　　经济生活中的金融工具，具有为投资者规避风险的能力，也具有为投资者带来收益的能力，所有这些，都离不开它们最基本的一个特性——流动性。

　　金融工具的发行为金融市场提供了新鲜血液，金融市场具有的证券交易功能则保证了投资工具的流动性。金融工具的发行是金融工具交易的基础和前提，有了金融工具的发行才有流通市场中的金融工具交易。

单元一　了解股票的发行与交易

请你参与

1. 你知道 IPO 这三个字母的含义吗？请你通过互联网查找 IPO 的含义。

_____

_____

_____

_____

2. 你身边有"股民"吗？能否跟大家分享一下你对"炒股"的理解？

_____

_____

_____

_____

一、股票的发行与承销

股票发行是指符合条件的发行人以筹资或实施股利分配为目的，按照法定的程序，向投资者或原股东发行股份或无偿提供股份的行为。

股票承销是证券公司依照协议包销或者代销发行人向社会公开发行股票的行为。股票承销分为代销和包销两种方式。股票承销期不能少于十日，不能超过九十日。

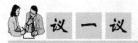

议一议

在我国，是不是所有股份有限公司的股票都能上市交易？

_____

_____

_____

_____

_____

（一）股份公司公开发行股票的条件

1. 首次公开发行股票的条件

所谓首次公开发行股票，是指以募集方式设立股份有限公司并公开募集股份或已设立公司首次公开发行股票。

根据中国证监会 2006 年 5 月 17 日实施的《首次公开发行股票并上市管理办法》的规定，首次公开发行股票的公司除在主体资格、独立性、规范运作和财务会计方面符合要求外，还应符合如下条件：

（1）最近 3 个会计年度净利润均为正数且累计超过人民币 3 000 万元，净利润以扣除非经常性损益前后较低者为计算依据。

（2）最近 3 个会计年度经营活动产生的现金流量净额累计超过人民币 5 000 万元；或者最近 3 个会计年度营业收入累计超过人民币 3 亿元。

（3）发行前股本总额不少于人民币 3 000 万元。

（4）最近一期末无形资产（扣除土地使用权、水面养殖权和采矿权等后）占净资产的比例不高于 20%。

(5) 最近一期末不存在未弥补亏损。

2. 增发新股的条件

根据《公司法》的有关规定,上市公司申请增发新股,应符合以下条件:

(1) 前一次发行的股票已募足,并时隔 1 年以上。

(2) 公司在最近 3 年内连续盈利,并可向股东支付股利。

(3) 公司在最近 3 年内财务会计文件无虚假记载。

(4) 公司预期利润率可达到同期银行存款利率。

3. 配股条件

配股是增资发行的一种,是指上市公司在获得有关部门批准后,向其现有股东提出配股建议,使现有股东可按其所持股份的比例认购配售股份的行为,它是上市公司发行新股的一种方式。根据证监会 2001 年出台的《关于做好上市公司新股发行工作的通知》,配股的条件除符合增发新股的条件外,还应该满足以下要求:

(1) 经注册会计师核验,公司在最近 3 个会计年度加权平均净资产收益率平均不低于 6%;扣除非经常性损益后的净利润与扣除前的净利润相比,以低者作为加权平均净资产收益率的计算依据;设立不满 3 个会计年度的,按设立后的会计年度计算。

(2) 公司一次配股发行股份总数,原则上不超过前次发行并募足股份后股本总额的 30%;如公司具有实际控制权的股东全额认购所配售的股份,可不受上述比例的限制。

(3) 本次配股距前次发行的时间间隔不少于 1 个会计年度。

(二) 股票发行与承销的实施

1. 发行方式与承销方式

(1) 发行方式。

我国股票的发行选择了比较受欢迎并相对符合投资者利益的发行方式:上网定价发行方式;上网询价发行方式;网下法人配售和上网定价结合发行方式;向二级市场投资者配售和上网定价结合发行方式;向二级市场投资者配售发行方式;网上、网下累计投标询价发行方式等。上网定价发行方式,上网询价发行方式,向二级市场投资者配售发行方式,网上、网下累计投标询价发行方式,这四种发行方式为上证所交易系统经常采用的发行方式。

(2) 承销方式。

承销方式包括包销方式和代销方式两种。

包销方式是指在证券发行时,承销商以自己的资金购买计划发行的全部或部分证券,然后再向公众销售,承销期满时未销出部分仍由承销商自己持有的一种承销方式。

代销方式指承销商代理发售证券,并在发售期结束后,将未销售证券全部退还给发行人的承销方式。

2.股票的发行价格

股票发行价格指股份有限公司将股票公开发售给特定或非特定投资者所采用的价格。根据我国《公司法》的规定，股票不得以低于股票票面金额的价格发行，所以股票发行价格可以分为平价发行和溢价发行两种。

影响股票发行价格的因素有很多，主要有净资产、盈利水平、发展潜力、发行数量、行业特点、二级市场环境等。

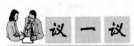 **议 一 议**

请你找出伊利股份、中国联通、中国石油、中国平安这几只股票的发行价格。

_____

_____

_____

二、股票的交易流程

下面以 A 股为例，说明股票委托买卖的流程。股票交易的基本流程包括开户、委托、竞价成交、结算等几个步骤。

（一）开户

开户包括两个方面，即开立交易账户和开立资金账户。交易账户用来记载投资者所持有的股票种类，资金账户用来记载和反映投资者买卖证券的货币收付和结存数额。

个人开户的操作流程包括：（1）填写开户申请表。客户填写《开户申请表》（一式两份）、《证券交易委托代理协议书》、上海证券交易所账户的《指定交易协议书》，同时签字确认。对交易或存取款有代理人的客户开户，除必须填写上述协议外，还要求客户本人和代理人同时临柜签署《授权委托书》（一式三份）。若证券账户本人不能到场的，由开户代理人办理代开户时，开户代理人还须出示经公证机关依法公证的《授权委托书》，账户本人应承诺承担由此代理而产生的一切法律责任。（2）验证。客户需提供本人身份证、沪深股东账户卡原件。对交易或存取款有代理人的客户开户，除必须提供上述证件外，还应提供代理人的身份证原件及复印件。（3）开户处理。对符合开户规定的客户，柜台经办人员将客户开户资料输入计算机，并要求客户设定初始交易密码、资金存取密码，打印《客户开户回单》（一式两份）。同时，柜台经办人员按开户流水号为客户开立资金账户号，并为客户配发"证券交易卡"，请客户在《客户开户回单》签字。

开户后，客户可以在自己的交易系统里看到证券账户和资金账户的相关信息，见图3—1。

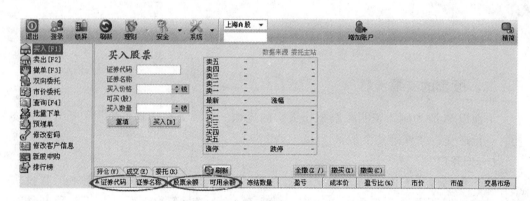

图3—1 查看交易系统

什么是证券账户卡？

证券账户卡是证券登记机构发出的、证明投资者开立了某个证券账户的有效凭证。投资者可凭证券账户卡和本人有效身份证到指定的证券交易营业部门办理证券的交易、分红、派息、登记过户等事宜。证券账户卡分为深圳A股、深圳B股、上海A股、上海B股和基金账户卡等几种。

我国目前两个证券交易所的证券账户卡是不能通用的。上交所证券账户由一个英文字符与9位数字组成，最后一位数字为校验位。例如A类是个人投资者账户，如

A100000001，投资者应按国家有关规定在相应的范围内开立和使用证券账户，不得串用。深交所证券账户不分个人与机构，均由8位阿拉伯数字组成，如12345678。

（二）委托

投资者不能直接进入证券交易买卖股票，而必须通过证券经纪商（证券经纪商职能一般由证券公司行使）的代理才能在证券交易所买卖股票。在这种情况下，投资者向经纪商下达买进或卖出股票的指令，称为委托。

1. 委托形式

客户下达委托指令有不同的形式，可以分为柜台委托和非柜台委托两大类。

柜台委托是指投资者亲自或由其代理人到证券营业部交易柜台填写书面买卖委托单，面对面办理委托手续的形式。

非柜台委托主要有人工电话委托或传真委托（即客户通过电话或传真将委托报给经纪商）、自助或电话自助委托（即客户利用自动委托交易系统，自行输入委托指令）、网上委托（即客户通过互联网凭借交易密码自行将委托内容输入电脑系统）。

2. 网上自助委托

投资者要想利用个人电脑进行自助委托，需要进行如下操作：（1）到开户券商柜台开通股票网上交易相关程序。（2）到对应券商官方网站下载股票交易软件并安装。（3）运行软件，按要求输入相关认证信息。（4）打开软件后，在软件的顶部栏目上一般都有"委托"（一般为红色字体）板块，投资者按要求输入交易密码等信息，便可以在网上交易了。

阅 读 材 料

网上自助委托

网上自助委托是指客户通过证券营业部设置的专用委托电脑终端，凭证券交易磁卡和交易密码进入电脑交易系统委托状态，自行将委托内容输入电脑交易系统，以完成证券交易的一种委托形式。

网上自助委托交易是客户在证券公司外面通过互联网进行远程自助交易，因为交易指令是通过互联网传送的，所以有被截获的可能，安全性要低于在证券公司操作。当互联网出现故障无法登录时，客户就看不到即时行情，也无法进行下单交易了。

通过网上自助委托的客户，一定要保护好自己的交易密码，不要轻易把密码透露给他人，以确保自己证券账户的安全。

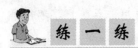

你认为委托买卖的最终结果会有几种？

（三）竞价成交

证券市场的市场属性集中体现在竞价成交环节上，特别是在高度组织化的证券交易所内，会员经纪商代表众多的买方和卖方按照一定规则和程序公开竞价，达成交易。

1. 竞价原则

证券交易所内的证券交易按"价格优先、时间优先"原则竞价成交。

价格优先原则是指较高价格买入申报优先于较低价格买入申报，较低价格卖出申报优先于较高价格卖出申报。

时间优先原则是指买卖方向、价格相同的，先申报者优先于后申报者。先后顺序按证券交易所交易主机接受申报的时间确定。

2. 竞价方式

目前，我国证券交易所采用两种竞价方式：集合竞价和连续竞价。这两种交易存在于不同的交易时段。

集合竞价是指在规定的一段时间内接受买卖申报一次性集中撮合的竞价方式。

连续竞价是指对买卖申报逐笔连续撮合的竞价方式。连续竞价阶段的特点是，每一笔买卖委托输入交易自动撮合系统后，立即判断并进行不同的处理，能成交者予以成交；不能成交者等待机会成交；部分成交者则让剩余部分继续等待。

请 你 参 与

请你在网上查找一下我国证券交易所规定的集合竞价方式和连续竞价方式分别为哪些时段？

3. 交易费用

投资者在委托买卖证券时，需支付多项费用和税金，如佣金、过户费、印花税等，我国 A 股具体收取标准如表 3—1 所示。

表 3—1 股票交易费用表

收费项目	深圳 A 股	上海 A 股
印花税	1‰（买入不收）	1‰（买入不收）
佣金	小于或等于 3‰ 起点：5 元	小于或等于 3‰ 起点：5 元
过户费	无	1‰（按股数计算，起点：1 元）

（1）佣金。

佣金是投资者在委托买卖证券成交后按成交金额的一定比例支付的费用，是证券经纪商为客户提供证券代理买卖服务收取的费用。佣金的收费标准因交易品种、交易场所的不同而有所差异。

（2）过户费。

过户费是委托买卖的股票成交后，买卖双方为变更证券登记所支付的费用。

（3）印花税。

印花税是根据国家税法规定，在 A 股和 B 股成交后对买卖双方投资者按照规定的税率分别征收的税金。

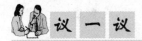

议 一 议

交易费用是向买卖双方双边征收的吗？

（四）结算

每日交易结束后，证券公司要为客户办理证券结算。一方面，要对买卖双方在资金方面的应付应收额和在证券方面的应收应付种类和数量进行计算。这一过程属于清算，包括资金清算和证券清算。另一方面，需要完成股票由卖方向买方转移和对应的资金由买方向卖方转移。这一过程属于交收。

下面以购买伊利股份为例，演示股票的委托、竞价成交与结算。

第一步：登录证券交易系统，输入：股票代码 600887，买入数量 100，价格 30.90元/股，如图 3—2 所示。

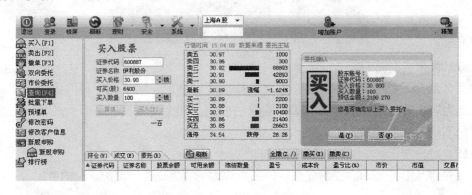

图 3—2　确定买入股及买入价

第二步：确认委托指令，见图 3—3。

图 3—3　确认下单

第三步：经过证券市场的集合竞价，成交，如图 3—4 所示。

图 3—4 买入成交

第四步，结算，如图 3—5 所示。

图 3—5 查看持仓状态

第五步，结算费用，见图 3—6 和图 3—7。

图 3—6 查看资金明细

图3—7　查看对账单

从上述可以看出，买入伊利股份，支付的费用为手续费5.00元，其他杂费0.100元。卖出伊利股份，支付的费用为手续费5.00元，印花税2.980元，其他杂费0.100元。

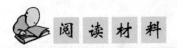

华谊兄弟股票发行筹资

"华谊兄弟"的原名为"浙江华谊兄弟影视文化有限公司"，是中国大陆一家知名综合性娱乐集团，由王中军、王中磊兄弟在1994年创立，开始时因投资冯小刚、姜文的电影而进入电影行业，尤其是因每年投资冯小刚的贺岁片而声名鹊起，随后全面投入传媒产业，投资及运营电影、电视剧、艺人经纪、唱片、娱乐营销等领域，在这些领域都取得了不错的成绩。2004年11月19日成立华谊兄弟传媒集团，参与投资电影《天下无贼》，位列当时年度票房三甲，之后公司相继出品了《宝贝计划》、《心中有鬼》、《集结号》、《非诚勿扰》等影片，均取得不错的票房业绩。艺人经纪服务方面，公司旗下有李冰冰、周迅、黄晓明、陆毅、任泉等众多国内影视明星。2006年8月14日，公司名称变更为"华谊兄弟传媒有限公司"。

2009年9月27日晚，证监会宣布华谊兄弟传媒股份有限公司通过第七批创业板拟上市企业审核，2009年10月30日，包括"华谊兄弟"在内的28家创业板公司集中挂牌上市交易。"华谊兄弟"在深圳交易所创业板上市，由中信建投担任上市承销商，华谊兄弟此次募集资金6.2亿元，将全部用于补充影视剧业务营运资金项目，若发行实际募集资金量超出预计募集资金数额，超额部分将用于影院投资项目，拟两年内在全国投资建设6家电影院，预计该项目所需总投资1.3亿元。华谊兄弟在中国的主要竞争对手有海润、橙天娱乐、保利博纳等公司。

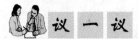

议 一 议

1. 华谊兄弟发行股票给了你哪些启示?
2. 如果华谊兄弟未来需要进一步筹资,选择何种筹资方式更为合理?

练 一 练

请注册证券模拟交易账户,选择一只股票进行交易。看一看我国股票交易的报价计价单位是什么?申报价格最小变动单位是什么?

技 能 训 练

选择题

(1) 在金融市场上,股票交易的基本过程有哪些?( )

A. 开户   B. 委托   C. 竞价成交   D. 结算

(2) 投资者在委托买入股票时,需支付的交易费用有哪些?( )

A. 佣金   B. 印花税   C. 过户费

学 习 小 结

通过本单元的学习,你的收获有:

单元二　熟悉债券的发行与交易

请 你 参 与

你的朋友或亲戚购买过债券吗？他们购买的债券都是由谁发行的？

_____

_____

_____

_____

一、债券的发行

债券发行是发行人以借贷资金为目的，依照法律规定的程序向投资人要约发行代表一定债权和兑付条件的债券的法律行为。债券发行是证券发行的重要形式之一，是以债券形式筹措资金的行为过程，通过这一过程，发行者以最终债务人的身份将债券转移到它的最初投资者手中。

（一）债券发行条件

债券发行的条件是指债券发行者发行债券筹集资金时所必须考虑的有关因素，具体包括发行额、面值、期限、偿还方式、票面利率、付息方式、发行价格、发行费用、有无担保等，由于公司债券通常是以发行条件进行分类的，所以，确定发行条件的同时也就确定了所发行债券的种类。

根据沪深两市证券交易所交易市场业务规则，企业债券在证券交易所上市交易必须符合下列条件：

(1) 债券期限为 1 年以上。

(2) 债券实际发行额不低于 5 000 万元人民币。

(3) 公司申请其债券上市时仍符合法定的公司债券发行条件。

（二）债券发行方式

按照债券的发行对象，可分为私募发行和公募发行两种方式。

私募发行是指面向少数特定的投资者发行债券，一般以少数关系密切的单位和个人为发行对象，不对所有的投资者公开出售。具体发行对象有两类：一类是机构投资者，如大的金融机构或是与发行者有密切业务往来的企业等；另一类是个人投资者，如发行单位自己的职工，或是使用发行单位产品的用户等。私募发行一般多采取直接销售的方式，不经过证券发行中介机构，不必向证券管理机关办理发行注册手续，可以节省承销费用和注册费用，手续比较简便。但是私募债券不能公开上市，流动性差，利率比公募债券高，发行数额一般不大。

公募发行是指公开向广泛不特定的投资者发行债券。公募债券发行者必须向证券管理机关办理发行注册手续。由于发行数额一般较大，通常要委托证券公司等中介机构承销。公募债券信用度高，可以上市转让，因而发行利率一般比私募债券利率为低。

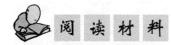
阅 读 材 料

债券信用评级

为了方便投资者进行债券投资决策，专业机构往往会对准备发行的债券还本付息的可靠程度，进行客观、公正和权威的评定，也就是进行债券信用评级。

目前国际上公认的最具权威性的信用评级机构，主要有美国标准普尔公司、穆

迪投资者服务公司和惠誉国际信用评级有限公司。上述三家公司负责评级的债券范围很广泛，包括地方政府债券、公司债券、外国债券等，由于它们拥有详尽的资料，采用先进科学的分析技术，又有丰富的实践经验和大量专门人才，因此它们所做出的信用评级具有很高的权威性。美国标准普尔公司信用等级标准从高到低可划分为：AAA级、AA级、A级、BBB级、BB级、B级、CCC级、CC级、C级和D级。穆迪投资者服务公司信用等级标准从高到低可划分为：Aaa级、Aa级、A级、Baa级、Ba级、B级、Caa级、Ca级、C级和D级。两家机构信用等级划分大同小异。前四个级别的债券信誉高，风险小，是"投资级债券"；从第五级开始的债券信誉低，是"投机级债券"。

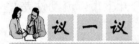 议 一 议

请你通过互联网查找世界上主要的信用评级机构的情况。中国、美国、日本的主权信用等级分别是多少？

二、债券交易流程

债券上市，即指证券交易所承认并接纳某种债券在交易所市场挂牌交易。债券上市制度，即证券交易所和政府有关部门制定的有关债券上市的一系列规则，它是证券上市制度的组成部分。

二级市场的债券交易也采用本模块单元一所讲的证券交易系统进行操作，具体操作方法与A股的操作方式相似，只是操作中存在一些不同的交易规则，具体如下：

（1）上市债券的交易时间、原则与A股相同。

（2）报价方式：

1）单位：以"张"为单位（以人民币100元面额为1张），债券卖出最小申报单位为1张，买入最小申报单位为10张。

2）价格最小变化单位：0.01元人民币。

3）申报上限：单笔申报最大数量应当低于1万手。

4）交易方式：T+0，资金结算：T+0。

5）竞价方式：与A股相同。

阅读材料

"阿莫科债券" 涉嫌巨额非法集资

2012年3月22日，国宏国际集团位于深圳的办公室因涉嫌非法集资被深圳警方查封，董事长赵××被指卷款潜逃。据当地媒体报道，深圳市公安局经侦支队三大队副大队长刘×称，这家公司去年2月才成立，目前已发展6万余人"入股"投资，涉案金额超过10亿元人民币。该公司主要犯罪手法是以投资入股的方式进行返息。每年现金返息24％，另外24％以股权形式返息。

一年前，国宏国际集团曾推出"阿莫科债券"。据"阿莫科债券"当时所属的"国际信贷网集团"称，该证券是以集团旗下商业发展银行资产作担保，已向联合国金融管理组织报备的面向全球销售的金融债券。销售债券所融资金"主要用于在北京人民大会堂召开的中外经贸洽谈合作协议的投资事项"。该债券号称年回报率140％，发展一个下线提成8％。但是，无论是项目的真实性还是公司的资产规模都广受质疑，不少网帖直称该债券为"彻头彻尾的骗局"。

记者在"阿莫科债券"贴吧中看到，自称被骗数百万元的受害者不在少数。一位河南省的投资者称，阿莫科债券从2011年8月分红就拿不出来了，债券到期之后钱也无法取出，不能给现金，只能给B股。

记者在国宏国际集团官网看到，该公司自称，国宏国际能源投资集团有限公司是一家拥有众多产业集群的大型集团公司，下设20多家子公司，现有员工3万多人。除从事经营包括矿产品、金属材料等能源产品业务外，还从事项目投资、投资管理、资产管理、投资咨询、股权基金管理、文化传媒、经济信息等领域的经营运作。在页面上的"项目工程"中，记者看到"中华玉佛园"、"宝安综合港"、"俄罗斯高铁"等字样。而据此前媒体报道，这些内容都有一定的水分。

议 一 议

你如何判断非法集资的骗局？

练 一 练

请注册证券模拟交易账户，完成任意一只债券的买入、卖出的完整交易流程。同时，到证券公司咨询一下通过场外市场购买债券的流程，并将上述两个流程相比较。

学 习 小 结

通过本单元的学习，你的收获有：

单元三　熟悉基金的募集与交易

 请你参与

你身边的人有买基金的吗？你知道购买基金都需要办理哪些手续吗？

——

——

——

基金的募集是证券投资基金投资的起点，基金的交易与申购和赎回为基金投资提供了流动性，份额的注册登记则在确保基金募集与交易活动的安全性上起着重要作用。

一、开放式基金的募集与交易

（一）开放式基金的募集程序

基金的募集，是指基金管理公司根据有关规定向中国证监会提交募集文件、首次发售基金份额、募集基金的行为，开放式基金的募集一般要经过申请、核准、发售、基金合同生效四个步骤。

1. 基金募集申请

我国基金管理人进行基金的募集，必须依法向中国证监会提交的相关文件主要有基金申请报告、基金合同草案、基金托管协议草案、招募说明书草案等。

2. 募集申请的核准

中国证监会自受理开放式基金募集申请之日起 6 个月内作出核准或者不核准的决定。开放式基金募集申请经中国证监会核准后方可发售基金份额。

3. 基金份额的发售

基金管理人自接到核准文件之日起 6 个月内进行发售。在我国，募集期限一般为 3 个月。基金管理人应当在基金份额发售的 3 日前公开招募说明书、基金合同及其他文件。基金募集期间募集的资金应当存入专门账户，在基金募集行为结束前任何人不得动用。

4. 基金合同生效

基金募集期限届满，开放式基金需满足募集份额总额不少于 2 亿份、基金募集金额不少于 2 亿元人民币，基金份额持有人不少于 200 人的要求。基金管理人应当自募集期限届满之日起 10 日内聘请法定验资机构验资，并自收到验资报告起 10 日内，向中国证监会提交备案申请和验资报告，办理基金的备案手续，刊登基金合同生效公告。基金募集期限届满，基金不满足有关募集要求的，基金不能成立。

（二）开放式基金的认购

认购指在基金募集期内购买基金份额的行为。

1. 认购步骤

投资人认购开放式基金，一般通过基金管理人或管理人委托的商业银行、证券公司独立基金销售机构、证券投资咨询机构以及经国务院证券监督管理机构认定的其他机构办理。具体分为开户、认购和确认三个步骤。

2. 认购方式

开放式基金采取金额认购的方式，即投资者在办理认购时，认购申请上不是直接填写认购多少份基金份额，而是填写认购多少金额的基金份额。基金注册登记机构在基金认购结束后，再按基金份额的认购价格，将申请认购基金的金额换算成投资人应得的基金份额。

3. 认购费率和收费模式

开放式基金的认购费率不得超过认购金额的 5%。我国股票基金的认购费率大多在 1%～1.5%，债券基金的认购费率通常在 1% 以下，货币市场基金一般不收取认购费。

基金份额的认购通常采用前端收费和后端收费两种模式。前端收费是指在认购基金份额时就支付认购费用的付费模式，后端收费是指在认购基金份额时不收费，在赎回基金份额时才收取认购费用的收费模式。

（三）开放式基金的申购与赎回

申购是指在基金合同生效后，申请购买基金份额的行为。赎回是指基金份额持有人要求基金管理人购回其所持有的开放式基金份额的行为。开放式基金的申购和赎回与认购一样，可以通过基金管理人的直销中心与基金销售代理人的代销网点办理。

1. 申购、赎回的原则

目前，开放式基金所遵循的申购、赎回的主要原则为：

（1）"未知价"交易原则。指投资者在申购、赎回基金份额时并不能即时获知买卖的成交价格。申购、赎回价格只能以申购、赎回日交易时间结束后基金管理人公布的基金份额净值为基准进行计算，这一点与股票、封闭式基金等金融产品的"已知价"原则不同。

（2）"金额申购、份额赎回"原则。即申购以金额申请，赎回以份额赎回。

2. 申购、赎回的费用及销售服务费

投资者在办理开放式基金申购时，一般需要缴纳申购费，申购费不得超过申购金额的5%。申购费可以采用在基金份额申购时收取的前端收费方式，也可以采用在赎回时从赎回金额中扣除的后端收费方式。

3. 申购、赎回的渠道

开放式基金的申购、赎回渠道有基金公司官方直销、金融机构代销、网上直销等模式。下面以华夏基金管理有限公司官方网上直销为例，来说明开放式基础的申购与赎回。见图3—8～图3—10。

投资者先登录华夏基金管理有限公司的官网，选择"立即开户"。已经开户的投资者可以直接登录。

图3—8 基金公司官方网站开户

投资者登录华夏基金网上交易账户后，可按网上的提示进行交易。

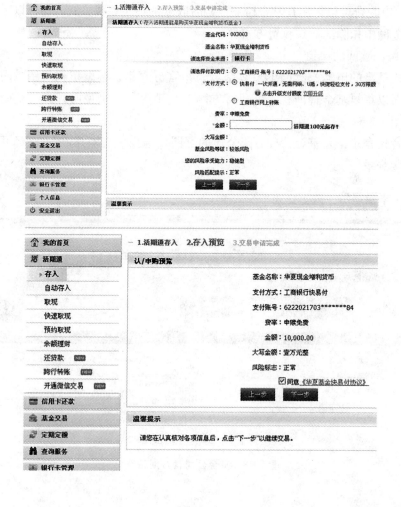

图3—9　选择基金

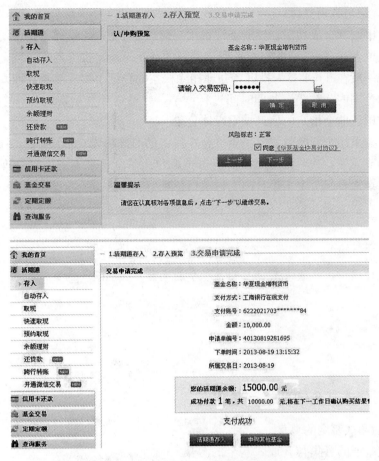

图3—10 基金认购/申购操作流程

投资者在办理开放式基金赎回时，一般需要缴纳赎回费，但货币市场基金及中国证监会规定的其他品种除外。赎回费不得超过基金份额赎回金额的5％，赎回费总额的25％归入基金财产。赎回费率一般按持有时间的长短分级设置。持有时间越长，适用的赎回费率越低。

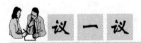 议 一 议

若某一基金产品同时设置前端收费模式和后端收费模式，两种模式的最高档申购费率是否应该相同？

（四）登记与款项支付

投资者申购基金成功后，注册登记机构一般在 T+1 日为投资者办理增加权益的登记手续，投资者在 T+2 日起有权赎回该部分的基金份额。投资者赎回基金成功后，注册登记机构一般在 T+1 日为投资者办理扣除权益的登记手续。基金管理人可以在法律法规允许的范围内，对登记办理时间进行调整，并最迟于开始实施前 3 个工作日内在至少一种中国证监会指定的信息披露媒体公告。

基金申购采用全额缴款方式。若资金在规定的时间内未全部到账，则申购不成功。申购不成功或无效，款项将退回投资者资金账户。基金管理人应当自受理基金投资者有效赎回申请之日起 7 个工作日内支付赎回款项。

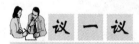

议 — 议

在交易过程中，开放式基金与普通股票的交易界面有何不同？

_____

_____

_____

二、封闭式基金的募集与交易

（一）封闭式基金的募集

封闭式基金的募集与开放式基金的募集基本相同。需要强调的是：封闭式基金募集期限为 3 个月，自该基金批准之日起计算。募集期届满，份额总额应达到核准规模的 80% 以上，持有人应达到 200 人以上。管理人在募集期届满的 10 日内聘请法定机构验资。自收到验资报告之日起的 10 日内，向证监会提交备案申请和验资报告，办理基金

备案手续，刊登基金合同生效公告。基金募集期限届满，基金不满足有关募集要求的，基金不能成立。

（二）封闭式基金的交易

1. 上市交易条件

封闭式基金的基金份额，经基金管理人申请，中国证监会核准，可以在证券交易所上市交易。中国证监会可以授权证券交易所依照法定条件和程序核准基金份额上市交易。基金份额上市交易应符合以下要求：基金份额总额达到核准规模的 80% 以上；合同期限为 5 年以上；募集金额不低于 2 亿元；份额持有人不少于 1 000 人。

2. 交易账户的开立

投资者买卖封闭式基金必须开立深沪证券账户或者深沪基金账户卡及资金账户。如果已经有了股票账户，就不需要另外再开立基金账户，原有的股票账户可以买卖封闭式基金，但是，封闭式基金账户只能用来买卖封闭式基金和国债。

3. 交易规则

封闭式基金的交易时间、交易原则、竞价方式、涨跌幅限制等规则与股票交易基本相同。

封闭式基金的报价单位为每份基金价格。基金的申报价格最小变动单位为0.001元人民币。买入与卖出封闭式基金份额，申报数量应当为100份或其整数倍。基金单笔交易最大数量应当低于100万份。

我国封闭式基金的交收同A股一样实行T+1交易。

4. 交易费用

按照沪深证券交易所公布的收费标准，我国基金交易佣金不得高于成交金额的0.3%，起点5元，由证券公司向投资者收取。目前，封闭式基金交易不收取印花税。

三、ETF基金的认购与交易

（一）ETF基金的认购

与普通的开放式基金不同，ETF基金可以用现金认购，也可以用证券认购。现金认购是指投资者使用现金认购ETF基金的行为，证券认购是指投资者使用指定的证券换购ETF基金的行为。

我国投资者一般可选择场内现金认购、场外现金认购以及证券认购等方式认购ETF基金。投资者进行场内现金认购时需具有沪深证券账户。投资者进行场外现金认购时需具有开放式基金账户或沪深证券账户。投资者进行证券认购时需具有沪、深A股账户。

（二）ETF 基金的申购、赎回

ETF 的基金合同生效后，基金管理人可以向证券交易所申请上市。投资者可在证券交易所的交易平台办理申购、赎回业务。最小申购、赎回单位为 50 万份或 100 万份。

 技 能 训 练

选择题

开放式基金投资的起点是（　　　）。

A. 基金募集　　　　B. 基金交易　　　　C. 注册登记　　　　D. 基金变更

 练 一 练

请你通过证券模拟交易系统，找一只你感兴趣的基金进行一次完整的申购与赎回交易行为。

 学 习 小 结

通过本单元的学习，你的收获有：

模块四 证券交易软件的使用

☞ **时间分配建议**

　建议安排 4 个课时，每个课时 50 分钟。

☞ **学习目标**

　本模块学习完成后，你应当能够：

　1. 掌握证券交易软件的下载与安装；

　2. 掌握证券交易软件的使用；

　3. 掌握证券交易操作。

☞ **内容概览**

　本模块主要讲解证券交易软件的下载、安装、使用等内容。

☞ **学习方法建议**

　独立学习、小组讨论与展示相结合。

 请 你 参 与

你见过这些证券交易软件么？你还知道哪些证券交易软件？

证券交易软件，也就是投资者通常说的炒股软件或股票软件，更准确的称谓应该是证券分析软件或证券决策系统。它的基本功能是实时提供证券行情信息和资讯信息，所以早期的股票软件有时候会被叫做行情软件。

证券交易软件的实质是通过对市场信息数据的统计，按照一定的分析模型来给出数（报表）、形（指标图形）、文（资讯链接）等信息，用户则依照一定的分析理论，来对这些信息进行分析，也有一些傻瓜式的易用软件会直接给出买卖的建议。目前市场上证券交易软件有很多，一般常用的有大智慧、同花顺、钱龙、通达信等。对大多数人来说，各种软件的基本功能都差不多，所以挑选一款性能稳定、信息精准的软件就可以了。

单元一　证券交易软件的安装

随着网络时代的到来，人们可以随时随地地通过电脑、手机进行上网浏览信息，各证券交易软件的公司也与时俱进，不仅推出了电脑版的证券交易软件，也推出了手机版的证券交易软件。现在，一起来学习如何在电脑和手机上安装证券交易软件（以同花顺交易软件为例）。

一、电脑版软件安装

（一）证券交易软件的下载

进入同花顺官方网站 http://www.10jqka.com.cn，如图 4—1 所示，然后在"软件下载"这一行里，点击"同花顺免费版"，进入下载页面后，点击"免费下载"，出现下载对话框。

出现下载对话框后，投资者可以选择软件的存放位置、更改软件的名称，然后点击"下载"，即可进行软件下载，如图 4—2 所示。

（二）证券交易软件的安装

软件下载完成后，电脑会自动弹出"同花顺"证券交易软件的安装向导，点击"下一步"，如图 4—3 所示。

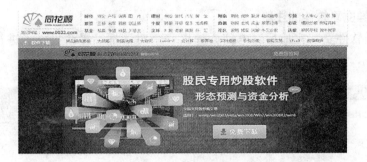

图4—1 同花顺下载界面

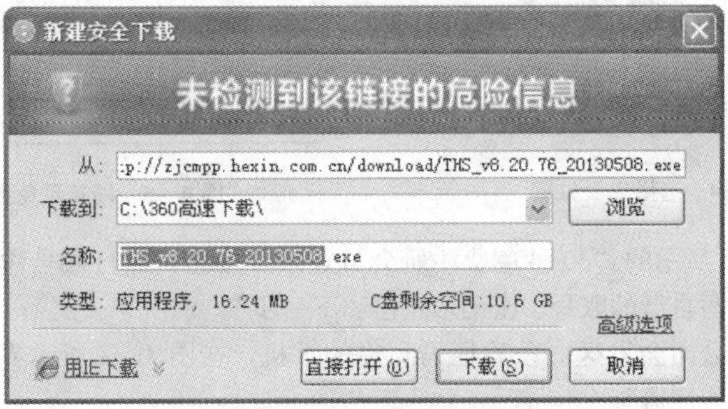

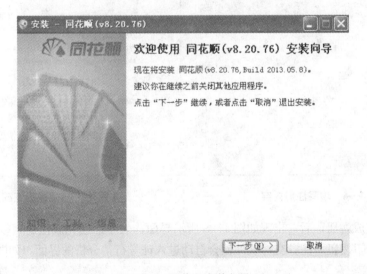

图4—2 同花顺下载对话框

图4—3 同花顺安装向导

"同花顺"证券交易软件的安装向导会提醒投资者选择软件的安装位置，如图4—4所示。软件的安装位置确定后，点击"下一步"，按操作提示进行操作，软件就可以安装到电脑中了。

（三）证券交易软件的注册

证券交易软件安装完成后，电脑会弹出一个对话框，提请投资者进行免费注册，如图4—5所示。

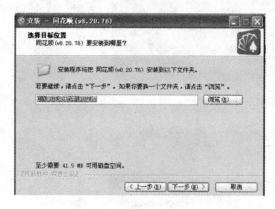

图4—4　选择安装位置

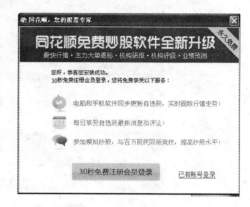

图4—5　同花顺免费注册

点击图4—5所示的"30秒免费注册会员登录"按钮，进行账号注册，如图4—6所示，按要求填写自己的账号、密码，点击"下一步"。

然后同花顺公司会发送一条验证码到你的手机，在图4—7所示界面中输入验证码，并点击"完成注册"。

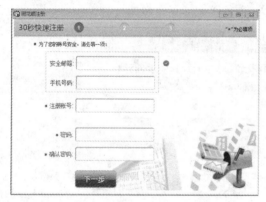

图4—6　填写注册内容

图4—7　输入验证码

点击"完成注册"后，出现如图4—8所示界面，表示已经完成注册，投资者点击页面右上角的关闭按钮，证券交易软件就会自动进入证券行情分析的界面，如图4—9所示。

二、证券交易软件的使用

（一）进入系统

要进入"同花顺"，可双击桌面上的图标，如果是首次使用"同花顺"证券交易软件，电脑会弹出"登录"界面，如图4—10所示。投资者输入自己注册的账号、密码后，点击"登录"，便可进入软件的证券交易界面。

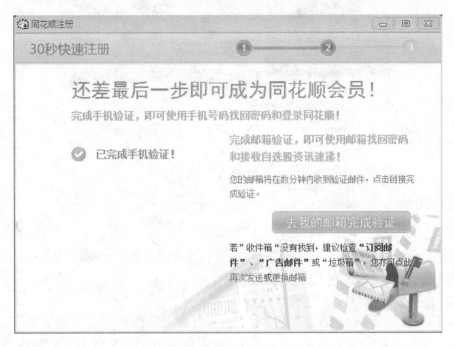

图4—8　完成注册

图4—9　同花顺证券行情分析界面

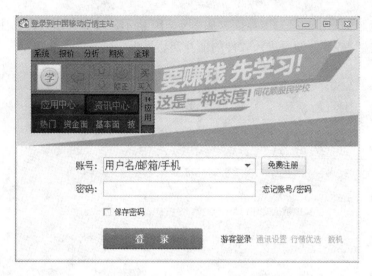

图4—10　同花顺登录界面

注意： 如果以后再次进入系统，电脑依然会弹出"登录"对话框。但投资者只要在"密码"一栏中输入密码，点击"登录"即可。

（二）"同花顺"软件的行情分析界面

如图4—11所示为"同花顺"软件行情分析界面，各菜单的主要功能如下：

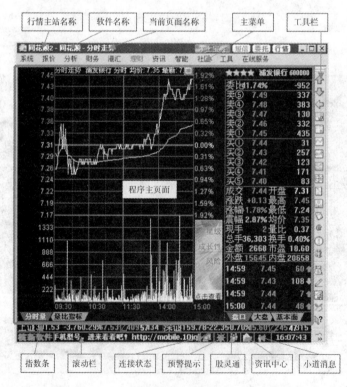

图4—11　"同花顺"软件行情分析界面

标题栏：可以反映出软件当前连接的行情主站名称（如果脱机，则显示"本地"）、软件名称和当前页面名称等信息。

菜单栏：在标题栏的下方，系统的基本操作方法都搜罗其中，方便投资者直观、快捷地调用。

工具条：工具条上汇集了一些最常用的功能，以方便投资者的使用。

指数条：用来显示上证、深证指数，涨跌幅度，成交金额以及上涨、平盘、下跌家数。

信息栏：用来显示滚动条、连接状态、预警提示灯及系统时间等信息。

预警提示灯：只有在启动预警时才显示，平时不显示。

股灵通：类似于 QQ 聊天工具。

资讯中心：点击这里弹出资讯中心，可查看各类资讯信息。

小道消息：投资者可以通过点击图标发布投资者认为有价值的消息到信息地雷上。

练 一 练

请你下载并安装"钱龙"证券交易软件。

你 知 道 么

图 4—11 中，右边的信息栏卖①—卖⑤，买①—买⑤有什么规律？成交、涨跌、涨幅、振幅、现手、总手、金额、开盘、最高、最低、均价、量比、换手、市盈、外盘、内盘这些名词的含义是什么？

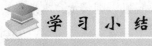

学 习 小 结

通过本单元的学习，你的收获有：

单元二　证券交易软件的使用

　　每一个证券投资者都要使用证券交易软件，所以投资者必须掌握"同花顺"行情分析软件中最简单、最常用的操作。本节介绍投资者在今后的投资中要反复用到的最简单、最基本的操作。

一、键盘精灵

　　当按下键盘上任意一个数字、字母或符号的时候，都会弹出"键盘精灵"。在这里输入中文、英文或数字键，可以搜索到投资者想要的东西，如图 4—12 所示。投资者可以通过输入代码、名称或名称的汉语拼音首字母来搜索对应的商品（股票、基金、债券、指数等），按 Enter 键进入相关页面。

✕	600000	浦发银行	PFYH
键	600001	邯郸钢铁	HDGT
盘	600002	齐鲁石化	QLSH
	600003	东北高速	DBGS
	600005	武钢股份	WGGF
精	600006	东风汽车	DFQC
	600007	中国国贸	ZGGM
灵	600008	首创股份	SCGF
	600009	上海机场	SHJC
	600010	钢联股份	GLGF
	600011	华能国际	HNGJ
	600016	民生银行	MSYH

600

图 4—12　键盘精灵

小窍门

同花顺支持汉字输入和模糊查找。这样投资者不仅可以用键盘精灵实现股票的输入，还可以用来进行股票的快速搜索。例如，投资者输入"钢"字，就会看到所有名称中包含"钢"字的股票。然后通过上下键就可以选择查看了。在搜索商品时，键盘精灵会把所有符合的词都找出来，不管字母是在商品名称的什么位置。例如：投资者输入"MS"时，不仅会找到"民生银行 MSYH"、"模塑科技 MSKJ"，还能找到"神马实业 SMSY"和"西安民生 XAMS"。这样就算投资者不记得股票的全名，也能方便找到所需要的股票。

练 一 练

请找到以下几家上市公司：伊利股份、四川长虹、青岛啤酒、双汇发展、中国银行、中国石化，并写出它们的股票代码。

_____

_____

二、菜单介绍

对于证券交易软件来说，熟练掌握软件菜单的使用方法，能大大提升投资者的工作效率。

（一）主菜单栏

打开"同花顺"证券交易软件，可以在窗口上方看见系统、报价、分析、财务、港汇、理财、资讯、智能、社区、工具、在线服务等菜单，如图 4—13 所示。在这里，投资者能找到几乎所有的功能菜单，其中有些命令旁边有图标，投资者可以将命令与图标联系起来使用。

| 系统 | 报价 | 分析 | 财务 | 港汇 | 理财 | 资讯 | 智能 | 社区 | 工具 | 在线服务 |

图 4—13　"同花顺"软件的菜单栏

（二）报价页面

报价页面主要是以表格的形式显示商品的各种信息。报价页面可以让投资者对所关注股票的各种变化一目了然，可以同时显示多个股票，并对这些股票的某项数据进行排序，让投资者方便、快速地捕捉到强势、异动的股票。

在"报价"菜单（见图4—14）里，投资者可以调用各种报价分析的页面，在"大盘指数"选项里包含了各种大盘指数，在"商品顺序"选项里，包含了依商品代码排列的表格；在"涨幅排名"选项里，显示各种商品的涨跌幅排名；"综合排名"菜单里的页面是同时包含股票9项排名的页面；通过"分时同列"选项，可以同时列出多只股票的分时走势；通过"K线同列"菜单，可以同时列出多只股票的技术走势；"多窗看盘"选项能为投资者实时看盘定制页面。

（三）表格

表格是一种向投资者显示各种数据的最基本的形式。对于某一只股票来说，表格虽然不如实时走势、技术分析页面丰富和直观，但它可以让投资者同时浏览所关注的多支股票。

下面以综合行情报价表为例，说明如何使用表格。

选择图4—14中的"综合排名"—"综合排名"，出现如图4—15所示界面。

图4—14 报价菜单

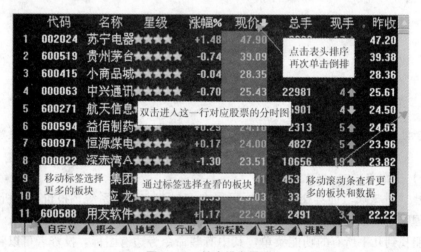

图4—15 综合排名界面

（1）排序：

单击表格中栏目的名称，表格将按此栏目降序排列，再次单击则按升序排列，如图4—15所示。（在栏目名称旁有箭头表示状态。）

（2）移动表格：

由于表格往往显示较多的股票和各种数据，所以往往难以在一个屏幕里显示所有的内容。投资者可以用"PageUp"、"PageDown"键来对表格进行翻页，用光标键"←"、"→"来对表格进行左右移动，也可以用鼠标点击滚动条来移动表格。

（3）更换列的次序：

在有些表格里，投资者想要看的数据可能比较靠后，而每次看的时候都移动一次表格显得很烦琐。在这种时候，投资者可以用鼠标选中这个数据项对应的那一列的标题，将其拖动到前面的位置。这个功能还可以用来将两项数据移到一起方便比较。

（4）加入自选股、板块股：

在表格里点击右键，弹出的快捷菜单有加入自选股、板块股两个选项（见图4—16）。进行选择可以将这一行所对应的股票加入到自选股或投资者所选择的板块股里。

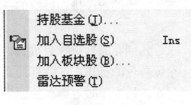

图4—16　右键快捷菜单

小窍门

投资者可以将不同的商品都加入到自选股里面，如：上证指数、股票、期货、外汇等。这样就可以同时查看，省去切换页面的麻烦。

（5）直接查看商品走势：

在表格里双击鼠标或者按"Enter"键，就可以进入这一行对应商品的分时走势页面。

（6）选择查看板块：

如图4—17所示，可以选择不同的板块及子板块。

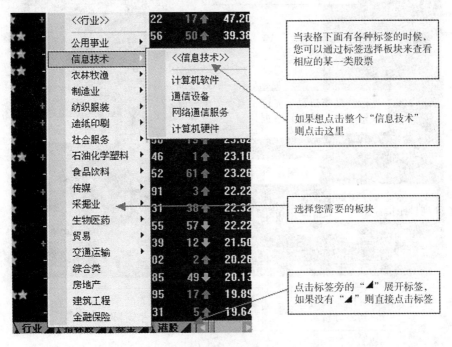

图4—17　选择板块

（7）切换到 4 股同列页面：

如果投资者不只想看一只股票的分时走势页面，可以在表格里选中某只股票，然后同时按"Ctrl"键和"4"键，就会切换到 4 股同列页面。页面里会显示选中的股票和按表格里的次序排在后面的三只股票。

（8）星级：

进入同花顺行情报价界面，投资者就可以看到，在每个股票名称后面，都带着若干个金黄色的星星，这就是同花顺金融研究中心为每个股票进行的评星评级。双击或者回车，进入分时走势界面，同样可以看到股票评星评级功能。将鼠标移到"星级说明"上，系统将弹出有关评星评级的说明窗口。

（四）实时走势分析

股票市场变幻莫测，每时每刻每笔的交易状况都是投资者关注的对象。下面几个页面即提供了这方面的信息。

1. 分时走势页面

分时走势页面为某一商品的实时走势图。在报价表里选中商品后，双击鼠标左键或按"Enter"键，或者在"键盘精灵"里直接选择商品后按"Enter"键都可以进入到分时走势页面。如图 4—18 所示。

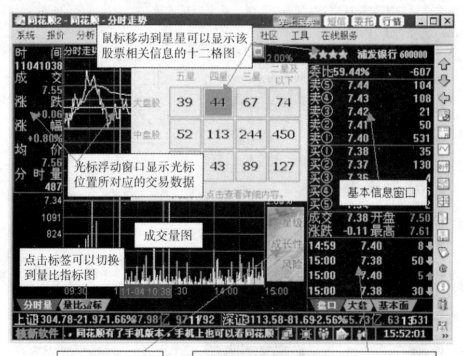

图 4—18　分时走势页面

小窍门

在分时走势页面里面每按"↓"键一次，即可多显示前面一个交易日的走势图。这样投资者就可以仔细地查看最近一段时间某只股票的走势了。

---

2. 成交明细表（快捷键"F1"）

在个股分时走势页面里按"F1"或"01＋Enter"键，都可以切换到成交明细表。在这里投资者可以看到当天按时间次序排列的每一笔成交的时间、价格，当时买入价、卖出价、成交手数。

3. 分价表（快捷键"F2"）

在个股分时走势页面里按"F2"或"02＋Enter"键，都可以切换到分价表，如图4—19所示。分价表可以直观地显示当日的成交分布状态。

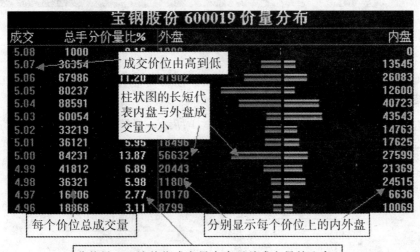

图4—19 分价表

（五）F10、资讯和信息地雷

作为一个投资者，需要迅速全面地了解各方面种类繁多的信息。"同花顺"能完全"实时"地向投资者提供全面的信息，包括交易所新闻、券商公告、券商（网站）资讯以及其他资讯，而且操作也相当简便。

1. F10

在分时走势或技术分析页面下敲"10/F10"键，可以查看个股资料，如图4—20所示。右侧还有同花顺的一些特色功能与资讯，有"公司分析"、"看涨看跌"、"机构测评"、"论坛交流"等，还有该公司近期的一些重要新闻，供投资者方便点击查看。

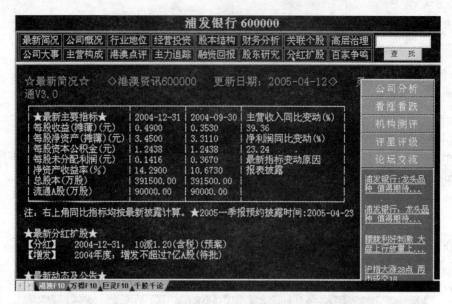

图 4—20　个股资料

2. 资讯中心

点击"工具"菜单下的"功能树"选项，在屏幕左边将弹出"功能树"，里面有"资讯"一栏，在这里面有相应的资讯商提供的各类财经资讯。

点击后就会弹出"资讯中心"，如图 4—21 所示，投资者可以在这里浏览查阅各类资讯。点击"资讯树"或工具栏上的栏目按钮即可看到今日的新闻条目，如图 4—22 所示。

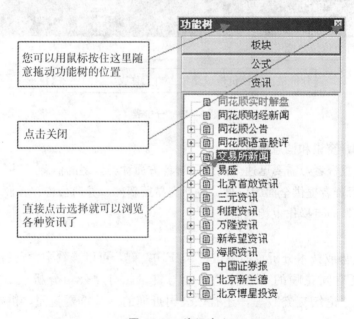

图 4—21　资讯中心

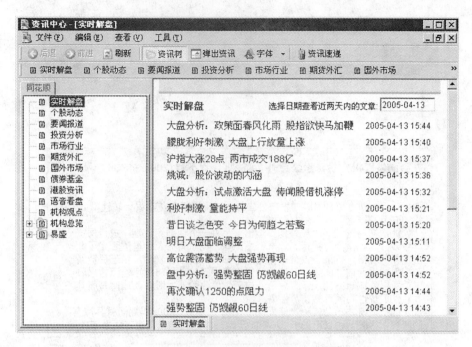

图4—22　同花顺实时解盘

3. 信息地雷

投资者在炒股的时候可能会遇见这样的情况，就是不知道最近这个上市公司有没有新的公告、信息或新闻。一般投资者也不可能每天都把浩如烟海的报纸、网站浏览一遍，而且即使这样做了也仍然有可能漏掉投资者所需要的重要信息，造成不必要的投资损失。同花顺提供的"信息地雷"就可以使投资者免除这个麻烦。

当投资者在观看分时走势的时候看见的 ＊ 即为信息地雷，如图4—23所示。

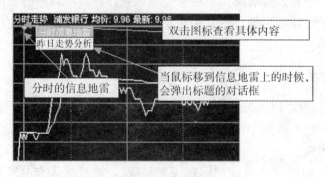

图4—23　信息地雷

上市公司在历史上产生过的各种信息都会出现在股票的 K 线图上，这样投资者对股票过去的走势就会有更全面的了解。

无论是实时的信息地雷还是历史的信息地雷，投资者只要双击图标（小箭头、小星号），就会弹出一个对话框显示公告信息、资讯的内容，如图4—24所示。

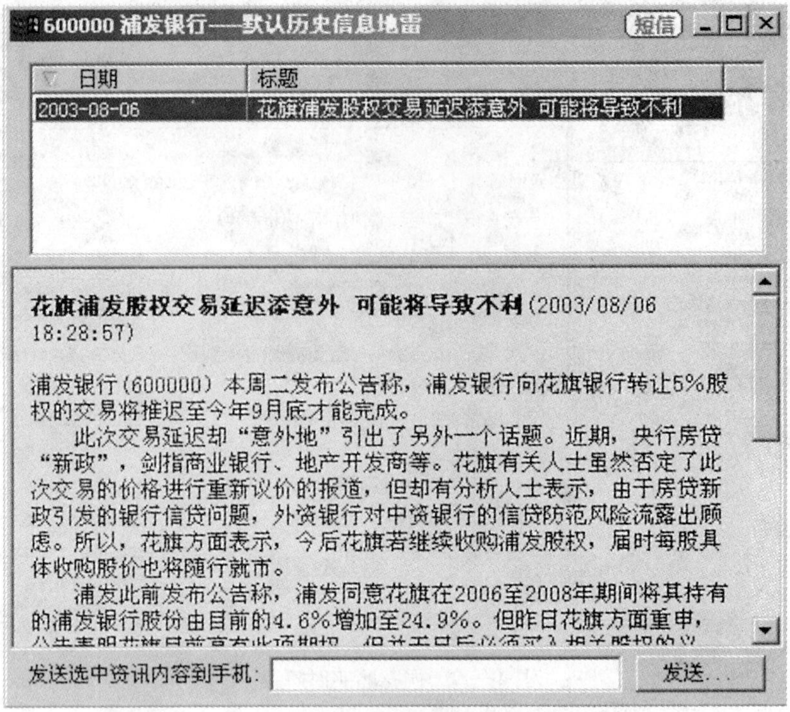

图 4—24 公告信息和资讯

单元三 证券模拟交易

要进行交易，首先投资者必须有一个交易账户，在本模块一开始的时候，投资者已经注册了一个"同花顺"软件的使用账户，现在，投资者就可以使用这个账户进行股票模拟交易了。

一、模拟交易登录

（一）通过电脑客户端进入模拟交易

点击图 4—25 所示圆圈中的"委托"按钮，选择"模拟交易"。就会弹出一个窗口，如图 4—26 所示。

点击图 4—26 中的黄色按钮"同花顺交易区"，就可进入交易系统，如图 4—27 所示。

在模拟交易界面，可以看到，同花顺软件给投资者提供 20 万元人民币的虚拟资金。现在，你可以用这 20 万元人民币的虚拟资金来进行模拟交易了。

（二）通过手机进入模拟交易

（1）选择"委托交易"，添加模拟炒股，如图 4—28 所示。

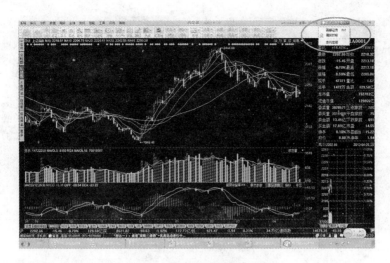

图 4—25　选择模拟交易

图 4—26　进入模拟交易区

图 4—27　模拟交易界面

图 4—28　进行手机模拟炒股

（2）登录。

然后输入同花顺用户名、密码，按"确定"进入即可。

二、股票买卖操作介绍

在模拟炒股交易界面的菜单栏中有 6 个选项。下面以 PC 版为例进行说明，手机版的操作如图 4—28 所示，功能及操作方式都是一样的。

（一）买入

点击"买入"后就可进入买入股票的操作界面，如图 4—29 所示。在该界面中，输入证券代码、买入价格、买入数量（单位：股），点击"确定"按钮即可。

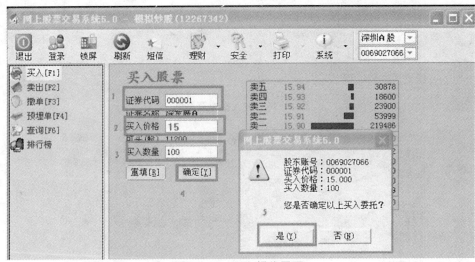

图 4—29　买入操作界面

（二）卖出（与买入股票的操作一致）

点击"卖出"后就可进入卖出股票的操作界面。在该界面中，输入证券代码、卖出价格、卖出数量（单位：股），点击"确定"按钮即可。

为了方便查看买入哪些股票，在"卖出股票"下方列出了买入股票的情况。

（三）撤单

对还未成交的买卖单，可点击"撤单"取消买卖，撤单界面如图4—30所示。撤单成功后，买入委托冻结的资金或卖出委托冻结的股票会返回到用户账户下。用户如要再次委托买或卖，需要重新提交委托单，股票委托撤单不收取手续费佣金。

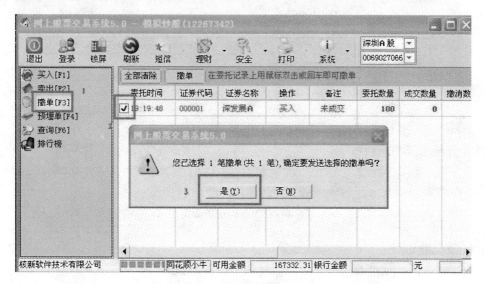

图4—30 撤单界面

（四）预埋单

预埋单是指在开市之前提交的委托单，可以提前布局好买入点和卖出点，达到快人一步的效果，如图4—31所示。

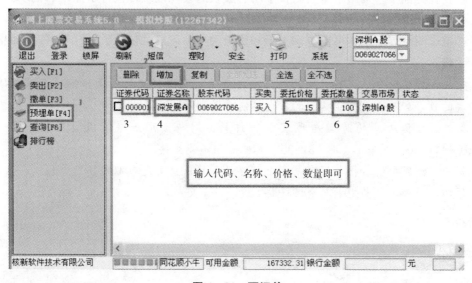

图4—31 预埋单

(五）查询

在证券交易账户中，"查询"包括四个选项，如图4—32所示。

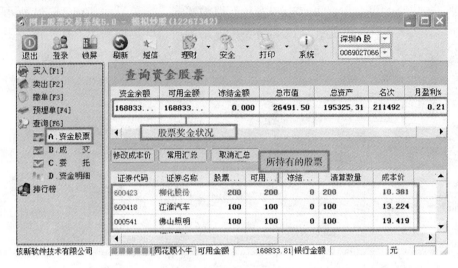

图4—32 查询功能模块

1. 资金股票

点击进入后，就可看到资金账户信息和所持有的股票。

2. 成交

在成交界面中，列出了本交易日中所有股票的成交记录。成交记录中包含了成交价、成交时间等信息。

3. 委托

在委托界面中，列出了本交易日中所有股票的委托记录，包含了撤单的记录。

4. 资金明细

在资金明细界面中，可以查询当天和历史的交易记录，包含了分红、派息等记录。

注意：

第一，模拟账户的交易对象只能是上海交易所和深圳交易所上市的 A 股股票，其他种类的股票和基金是不能购买的，也不能申购新股。

第二，模拟交易的时间与现实是一样的，周一至周五（节假日休息）的上午9：30—11：30，下午1：00—3：00，其他时间不能交易。

第三，该股票的价格与现实是完全一样的，只是交易是虚拟的。

第四，该模拟交易规则与现实一样，是 T＋1 交易。

来买入一只股票，开始你的股民之路吧。

每一次交易后，请记录以下信息：股票名字、股票代码、买入价格、成本价、手续费、印花税、成交金额和资金余额。

股票名字	股票代码	买入/卖出价格	成本价	手续费	印花税	成交金额	资金余额

学 习 小 结

通过本单元的学习，你的收获有：

 模块五　证券投资技术分析

单元一　证券投资技术分析的主要理论

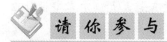

请 你 参 与

请问，你看过类似的证券投资技术分析的图书吗？你了解证券投资技术分析的相关知识吗？试列出你喜欢的相关图书及熟悉的知识。

_____

_____

_____

_____

一、技术分析简介

技术分析是以证券市场过去和现在的市场行为作为分析对象，应用数学和逻辑的方法，通过分析证券价格走势的图形和相关技术指标，探索出一些证券价格走势、成交量等典型的变化规律，并据此预测证券市场未来变化趋势的方法。

根据技术指标计算公式及统计学原理可知，个股量价变动必然会导致与此相关的技术指标的变化；部分技术指标能及时捕捉到股价变动信息，短期功效非常明显。

技术分析一般运用证券价格的历史数据资料，对证券价格采用各种不同的数据处理方法，进而总结出证券价格变动的某些规律。技术分析大量采用数字化、图表化的技术指标与技术图表，降低了学习的门槛，非常直观易学、简明易懂。由于技术分析的学习不需要专业基础知识，很多文化基础薄弱的人都能学习和掌握，故技术分析具有雄厚的群众基础。

技术分析围绕二级市场交易展开，以著名的道氏理论和 K 线理论等为理论支撑，目前常用的理论有 K 线理论、波浪理论、形态理论、趋势线理论和技术指标分析等。

炒股不是科学而是艺术

炒股是科学吗？炒股不是科学，炒股是艺术。否则，证券交易所门口卖茶叶蛋的老太太不可能偶尔也在股市上露一手；而至今，还从未见过有老太太偶尔客串设计卫星导弹什么的。

炒股有保证赚钱的技术指标吗？第一，没有；第二，它不存在；第三，如果有，也不告诉你——这么容易赚钱的方法我自己留着。

华尔街有个说法："你如果能在股市熬十年，你应能不断赚到钱；你如果熬了二十年，你的经验将极有借鉴的价值；如果熬了三十年，那么你退休的时候，定然是极其富有的人。"

听听索罗斯的话：市场是愚蠢的，你也用不着太聪明。你不用什么都懂，但你必须在某一方面懂得比别人多。

资料来源：陈江挺，《炒股的智慧》，北京，三联书店出版社，1999。

二、技术分析的基本假设

(一) 市场行为涵盖一切信息

这条假设是进行技术分析的基础。其主要思想是：任何一个影响证券市场的因素，最终都必然体现在股票价格的变动上。影响股票价格的所有因素，无论是外在的、内在的，还是政策的和心理的，都已经在市场行为中得到了反映。技术分析人员只需关心这些因素对市场行为的影响效果，而不必关心具体导致这些变化的原因究竟是什么。

(二) 证券价格沿趋势移动

这一假设是进行技术分析最根本、最核心的条件。其主要思想是：证券价格的变动是有一定规律的，即具有保持原来运动方向的惯性，而证券价格的运动方向是由证券的供求关系决定的。技术分析法认为证券价格的运动反映了一定时期内供求关系的变化。供求关系一旦确定，证券价格的变化趋势就会一直持续下去。只要供求关系不发生根本改变，证券价格的走势就不会发生反转。

(三) 历史会重演

这条假设是从人的心理因素方面考虑的。市场中进行具体买卖的是人，由人决定最终的操作行为。这一行为必然要受到人类心理学中某些规律的制约。在证券市场上，一个人在某种情况下按一种方法进行操作取得成功，那么以后遇到相同或相似的情况，就会按照同一方法进行操作；如果失败了，他以后就不会按前一次的方法操作。证券市场的某个市场行为给投资者留下的阴影或快乐是会长期存在的。

技术分析法认为，根据历史资料概括出来的规律已经包含了未来证券市场的一切变动趋势，所以可以根据历史预测未来。

技术分析的三个假设有合理的一面，也有不尽合理的一面。例如，第一个假设是市场行为涵盖一切信息，但市场行为反映的信息同原始信息毕竟有一些差异，信息损失是必然的。正因为如此，在进行技术分析的同时还应该适当进行一些基本分析，以弥补不足。又如，一些基本因素的确是通过供求关系来影响证券价格和成交量，但证券价格最终要受到其内在价值的影响。再如，第三个假设为历史会重演，但证券市场的市场行为是千变万化的，不可能有完全相同的情况重复出现，差异总是或多或少地存在。因此，技术分析法由于说服力不够强、逻辑关系不够充分，引起许多不同的看法与争论。

三、技术分析的要素

证券市场中，价格、成交量、时间和空间是进行分析的要素。这几个要素的具体情况和相互关系是进行正确分析的基础。

（一）价、量

市场行为最基本的表现就是成交价和成交量。过去和现在的成交价、成交量涵盖了过去和现在的市场行为。技术分析就是利用过去和现在的成交量、成交价资料，以图形和指标分析工具来分析、预测未来的市场走势。价、量是技术分析的基本要素，一切技术分析方法都是以价、量关系为研究对象的，目的就是分析、预测未来的价格趋势，为投资决策提供服务。

（二）时、空

在进行行情判断时，时间有着很重要的作用。一个已经形成的趋势在短时间内不会发生根本改变，中途出现的反方向波动，对原来趋势不会产生大的影响。一个形成了的趋势又不可能永远不变，经过了一定时间又会有新的趋势出现。循环周期理论着重关心的就是时间因素，它强调了时间的重要性。

在某种意义上讲，空间可以认为是价格的一方面，指的是价格波动能够达到的极限。

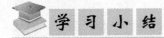

通过本单元的学习，你的收获有：

_____

_____

_____

_____

单元二　K 线理论

　　K 线又称为日本蜡烛线，起源于 200 多年前的日本。当时日本没有证券市场，K线只是用于米市的交易。经过上百年的运用和总结，目前已经形成了一整套 K 线分析理论，在实际中得到了广泛应用，受到了证券市场、外汇市场以及期货市场等各类市场投资者的喜爱。图 5—1 所示为上市公司万科 A 的日 K 线图。

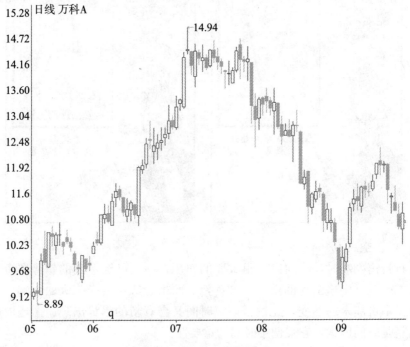

图 5—1　万科 A 的日 K 线图

（横轴表示时间，纵轴表示价格）

一、K线的画法

K线是一条柱状的线条，由影线和实体组成。影线在实体上方的部分叫上影线，下方的部分叫下影线。实体上下两端表示一日的开盘价和收盘价，上影线的上端顶点表示一日的最高价，下影线的下端顶点表示一日的最低价。根据开盘价和收盘价的关系，K线又分为阳线（红/白）和阴线（蓝/黑）两种。收盘价高于开盘价时为阳线，收盘价低于开盘价时为阴线（见图5—2）。

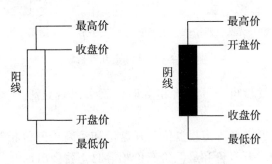

图5—2　K线的两种常见形状

日开盘价是指每个交易日的第一笔成交价格，日收盘价是指每个交易日的最后一笔成交价格，日最高价和日最低价是每个交易日股票的最高成交价格和最低成交价格。人们在说到目前某只股票的价格时，说的往往是收盘价。

一条K线记录的是某一只股票一天的价格变动情况。将每天的K线按时间顺序排列在一起，就可以反映该股票自上市以来的每天的价格变动情况，这就叫日K线图。如图5—1所示。

除了日K线外，还可以画周K线和月K线。其画法与日K线几乎完全一样，区别只在四个价格时间参数的选择上。周K线反映一周的开盘价、这一周之内的最高价和最低价以及这一周的收盘价。月K线则是用一根K线反映这一个月之内的这四个价格。

二、K线的主要形状

除了图5—2所示的K线形状外，还会产生其他形状的K线，图5—3中列出了其余几种。

（1）光头阳线和光头阴线。这是没有上影线的K线。当收盘价或开盘价正好与最高价相等时，就会出现这种K线。

（2）光脚阳线和光脚阴线。这是没有下影线的K线。当开盘价或收盘价正好与最低价相等时，就会出现这种K线。

（3）光头光脚的阳线和阴线。这种K线既没有上影线也没有下影线。当收盘价和开盘价分别与最高价和最低价相等时，就会出现这种K线。

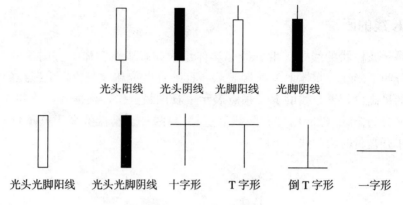

光头阳线　　光头阴线　　光脚阳线　　光脚阴线

光头光脚阳线　光头光脚阴线　十字形　　T字形　　倒T字形　　一字形

图5—3　K线其余几种形状

（4）十字形。当收盘价与开盘价相等时，就会出现这种K线，它的特点是没有实体。

（5）T字形和倒T字形。当收盘价、开盘价和最高价三价相等时，就会出现T字形K线图；当收盘价、开盘价和最低价三价相等时，就会出现倒T字形K线图。它们没有实体，也没有上影线或下影线。

（6）一字形。当收盘价、开盘价、最高价、最低价四价相等时，就会出现这种K线图。在存在涨跌停板制度的市场中，当一只股票一开盘就以涨停或跌停的价格进行交易，而且一天中都以该价格进行交易时，就会出现这种K线。

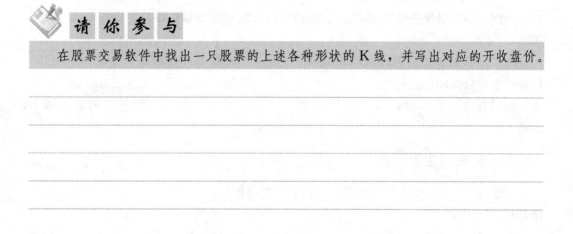

请 你 参 与

在股票交易软件中找出一只股票的上述各种形状的K线，并写出对应的开收盘价。

三、K线的应用

（一）大阳线实体和大阴线实体

大阳线实体，如图5—4左图所示。它是大幅低开高收的阳线，实体很长以至于可以忽略上下影线的存在。这种 K 线说明多方已经取得了决定性胜利，这是一种涨势信号。

大阴线实体，如图 5—4 右图所示。含义正好同大阳线实体相反。这时，空方已取得优势地位，是一种跌势的信号。如果这条长阴线出现在一段上涨行情的末端，行情下跌的可能性将更大。

图 5—4　大阳线与大阴线实体

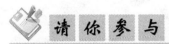

请你参与

在股票行情软件中找到有大阳线和大阴线的股票，看看它们是不是预示着未来的上涨或下跌？

（二）有上下影线的阳线和阴线

这两种是最为普遍的 K 线形态，如图 5—5 所示。

图 5—5　有上下影线的阳线与阴线

对这种 K 线，主要依靠上下影线和实体长度的对比来确定未来走势。一般来说，上影线长于下影线，未来价格上升；下影线长于上影线，未来价格下跌。

(三)十字星

十字星的出现是一个值得警惕、随时可能改变趋势方向的 K 线图形。十字星分为两种，一种是大十字星，如图 5—6（左）所示，它有很长的上下影线，表明多空双方争斗激烈，最后回到原处，后市往往有变化。另一种为小十字星，如图 5—6（右）所示，它的上下影线较短，表明窄幅盘整，交易清淡。

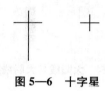

图 5—6　十字星

请你参与

去找找，看看十字星一般都出现在股票价格波动中的什么位置上？

学习小结

通过本单元的学习，你的收获有：

单元三 切线理论

一、趋势

简单地说，趋势就是股票价格运动的方向。一般来说，证券价格的变动不是朝一个方向直来直去，中间一定要有曲折，从图形上看就是一条曲折蜿蜒的折线，每个折点处就形成一个峰或谷。比较这些峰和谷的相对高度，可以看出证券价格运行趋势的方向。

趋势的方向有三个：上升方向；下降方向；水平方向，也就是无趋势方向。

图 5—7 所示是某证券价格的上升趋势 K 线图，在图中，每个后面的峰和谷都高于前面的峰和谷，证券价格逐步走高，这就是常说的上升趋势。在上升趋势中，K 线图的一底比一底高，也称底部逐步抬高。

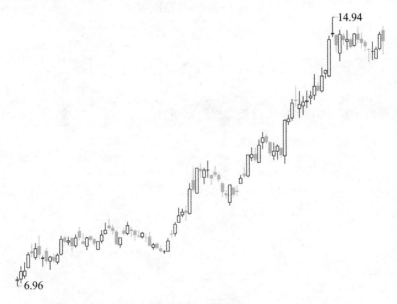

14.94

6.96

图 5—7 上升趋势

图 5—8 所示是某证券价格的下降趋势 K 线图，在图中，每个后面的峰和谷都低于前面的峰和谷，趋势是下降方向。这就是常说的，一顶比一顶低或顶部降低。

如果 K 线图中后面的峰和谷与前面的峰和谷相比，没有明显的高低之分，几乎呈水平延伸，这时的趋势就是水平方向。水平方向趋势是被大多数人忽视的一种趋势，然而，这种趋势在市场上出现的机会是相当多的。

应用技术分析进行证券投资，关键在于认清形势，坚决奉行"顺势而为"，决不"逆势而动"的原则，而这一原则也已经成为投资者的共识。

40.78

20.10

图5—8 下降趋势

请 你 参 与

目前我国的上证指数的K线趋势是哪个方向？

二、支撑线和压力线

支撑线又称为抵抗线。当股价跌到某个价位附近时，股价停止下跌，甚至还有可能回升。支撑线起阻止股价继续下跌的作用。如图5—9所示。

图 5—9　上涨行情中的支撑线与压力线

　　压力线又称为阻力线。当股价上涨到某价位附近时，股价会停止上涨，甚至回落。压力线起阻止股价继续上升的作用。

　　支撑线和压力线的作用是阻止或暂时阻止股价向一个方向继续运动。股价的变动是有趋势的，要维持这种趋势，保持原来的变动方向，就必须冲破阻止其继续向前的障碍。支撑线和压力线都会有被突破的可能，它们不足以长久地阻止股价保持原来的变动方向，只不过使它暂时停顿而已。

　　在上升趋势中，如果股价未创新高，即未突破压力线，这个上升趋势就已经处在很关键的位置了。如果股价在回落的过程中，向下突破了这个上升趋势的支撑线，这就产生了趋势有变的很强烈的警告信号。这通常意味着，这一轮上升趋势已经结束。

　　同样，在下降趋势中，如果股价并未创新低，即未突破支撑线，这个下降趋势就已经处于很关键的位置，如果股价在接下来的走势中，向上突破了这次下降趋势的压力线，这就发出了这个下降趋势将要结束的强烈信号，股价下一步极有可能是上升的趋势。

　请 你 参 与

　　指出一只股票上升趋势中的压力线，和下降趋势中的支撑线。

三、趋势线和轨道线

（一）趋势线

股票价格的运行有两种趋势，上升趋势和下降趋势。在上升趋势中，将两个谷底连成一条直线，就得到上升趋势线。趋势线是衡量价格运动方向的，由趋势线的方向可以清楚地看出股价未来的运行趋势。

在下降趋势中，将两个波峰连成一条直线，就得到下降趋势线。如图 5—10 右侧的直线 L。从图中可看出，上升趋势线起支撑作用，下降趋势线起压力作用，也就是说，上升趋势线是支撑线的一种，下降趋势线是压力线的一种。

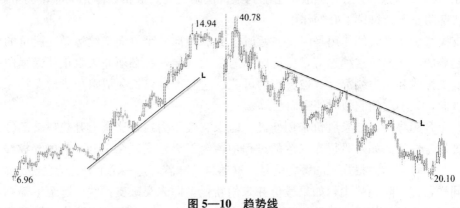

图 5—10　趋势线

一般来说，所画出的直线被连接的谷底或波峰的顶点越多，其作为趋势线的有效性越被得到确认，用它进行预测越准确有效。另外，这条直线延续的时间越长，就越具有有效性。

一般来说，趋势线有两种作用：

一是对价格今后的变动起约束作用，使价格总保持在这条趋势线的上方（上升趋势线）或下方（下降趋势线）。

二是趋势线被突破后，股价下一步的走势将要反转，如图 5—11 所示。越重要、越有效的趋势线被突破，其转势的信号越强烈。被突破的趋势线原来所起的支撑或压力作用，现在将相互交换角色。

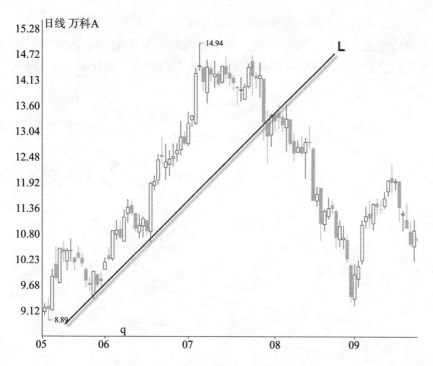

图 5—11 趋势线突破后起相反作用

请 你 参 与

请在股票行情软件中画出一只股票的趋势线。

（二）轨道线

轨道线又称通道线或管道线，是基于趋势线的一种方法。在已经得到了趋势线后，通过第一个峰和谷可以作出这条趋势线的平行线，这条平行线就是轨道线。

两条平行线组成一个轨道，这就是常说的上升和下降轨道。轨道的作用是限制股价的变动范围，让它不能变得太离谱。一个轨道一旦得到确认，那么价格将在这个通道里变动。对上面的或下面的直线的突破将意味着有一个大的变化。

与突破趋势线不同，对轨道线的突破并不是趋势反向的开始，而是趋势加速的开始，即原来的趋势线的斜率将会增加，趋势线的方向将会更加陡峭。如图5—12所示。

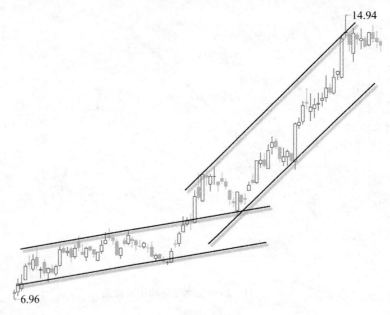

图5—12　轨道线

轨道线的另一个作用是提出趋势转向的警报。如果在一次波动中未触及轨道线，离得很远就开始掉头，这往往是趋势将要改变的信号。这说明，市场已经没有力量继续维持原有的上升或下降的趋势了。

请 你 参 与

请在股票行情软件中画出一只股票的轨道线？

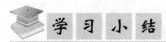

学习小结

通过本单元的学习，你的收获有：

_____

_____

_____

_____

单元四 形态理论

在技术分析中，还有一种根据股票价格运行轨迹所形成的图形的形态，判断股票价格未来运行方向的理论，就是形态理论。

股价的移动主要是保持平衡的持续整理和打破平衡的突破这两种过程。这样，股价曲线的形态就有两大类型：持续整理形态、反转突破形态。

一、反转突破形态

反转突破形态是投资者应该花大力气研究的一类重要的形态。这里将分别介绍双重顶（底）、三重顶（底）、头肩顶（底）和圆弧顶（底）四种反转形态。对这四种形态的正确识别和正确运用将使股票投资者受益匪浅。

（一）头肩顶和头肩底

头肩顶和头肩底是实际股价形态中出现得最多的形态，是最著名和最可靠的反转突破形态。图5—13所示是这种形态的简单形式。

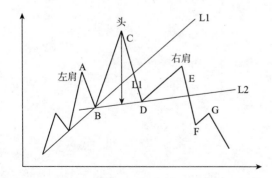
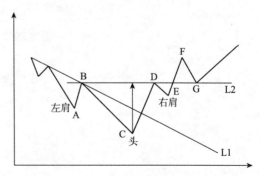

图5—13 头肩顶和头肩底

从图5—13中可以看出，这种形态一共出现三个顶或底，也就是要出现三个局部高点或局部低点。中间的高点（低点）比另外两个都高（低），称为头，左右两个相对较低（高）的高点（低点）称为肩，这就是头肩顶（底）名称的由来。

从图5—13中我们可以找到，在股价的波动中的几个高点分别是 A、C、E，C 点最高，C、E 次之，图形看起来很像人的头和肩，这就是头肩顶的由来。L1、L2 是支撑线，L2 又被称为颈线。

以上是以头肩顶为例，对于头肩底，有完全相似或者说完全相同的结果。只要将对头肩顶的介绍反过来叙述就可以了。比如，向下说成向上，高点说成低点，支撑说成压力。

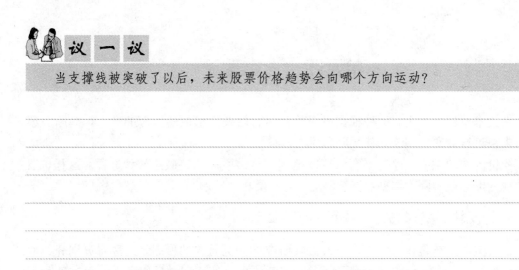

议 一 议

当支撑线被突破了以后，未来股票价格趋势会向哪个方向运动？

请 你 参 与

请在证券交易软件中找出一只有头肩顶或头肩底形状的股票。

（二）双重顶和双重底

双重顶和双重底就是市场上众所周知的 M 头和 W 底，这种形态在实际中出现得非常频繁，图 5—14 所示是这种形态的简单形状。

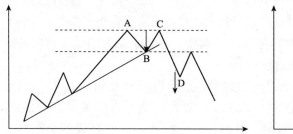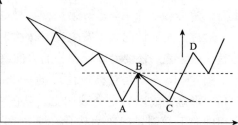

图 5—14　双重顶和双重底

从图 5—14 中可以看出，双重顶（底）一共出现两个顶（底），也就是两个相同高度的高点或低点。

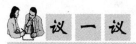

议 一 议

将图 5—14 中的 A、C 两点连接起来，构成了什么线？这条线起什么作用？

请 你 参 与

请在证券交易软件中找出一只有双重顶或双重底形状的股票。

二、持续整理形态

（一）三角形形态

三角形形态是属于持续整理形态的一类形态。三角形主要分为三种：对称三角形、上升三角形和下降三角形。第一种有时也称正三角形，后两种合称直角三角形。

对称三角形情况大多发生在一个大趋势进行的途中，它表示原有的趋势暂时处于休整阶段，之后还要沿着原趋势的方向继续行进。

图 5—15 所示是对称三角形的一个简化的图形，这里的原有趋势是上升，所以，三角形形态完成以后是突破向上。从图中可以看出，对称三角形有两条聚拢的直线，上面的向下倾斜，起压力作用；下面的向上倾斜，起支撑作用。两直线的交点称为顶点。

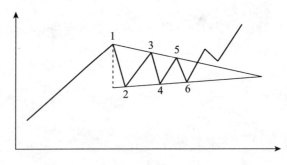

图 5—15　对称三角形

对称三角形只是原有趋势运动的途中休整阶段，所以持续的时间不应太长。持续时间太长了，保持原有趋势的能力就会下降。

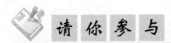　请 你 参 与

请在证券交易软件中找出一只有三角形形态的股票?

（二）矩形

矩形又叫箱形，也是一种典型的整理形态。股票价格在两条横着的水平直线之间上下波动，做横向延伸的运动。图 5—16 是矩形的简单图示。

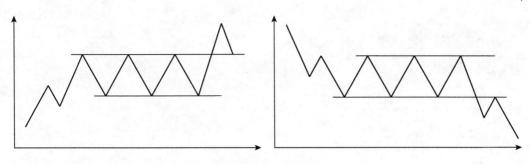

图 5—16 矩形

 请你参与

请在证券交易软件中找出一只有矩形形态的股票?

（三）认识缺口

缺口，通常又称为跳空，是指证券价格在快速大幅波动中没有留下任何交易的一段真空区域，如图 5—17 所示。从这个意义上说，缺口也属于形态的一种。缺口的出现往往伴随着某个方向运动的一股较强动力。缺口的宽度表明这种运动的强弱。一般来说，缺口越宽，运动的动力越大；反之，则越小。

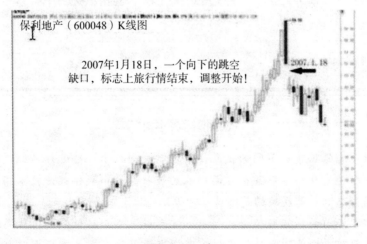

图 5—17 缺口

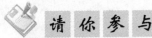

请在证券交易软件中找出一只有缺口的股票。

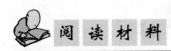

通过本单元的学习，你的收获有：

单元五　证券投资技术指标分析

阅读材料

技术指标灵不灵？

技术指标是指根据市场不同的信息，用数学模型技术，通过计算公式从而得到一个数值，用该数值来反映市场某个方面内在的现状。这个数值就是技术指标。指标值的具体数值是静态的，其反映的是市场当时所处的状态。

但是把市场以前的指标数值排列起来，就形成了一个从低到高、从高到低或者横向发展的动态指标。它是国际外汇市场、期货市场等诸多交易市场上职业交易员非常倚重的分析与预测工具。

技术指标灵不灵？其实，技术指标就像乘法口诀一样，3×7＝21，在算错的时候等于28。不是口诀不灵，是投资者运用时出了问题。

对技术指标的正确运用，首先要有正确的认识和深刻的理解。就像对电影放映的了解一样，电影的拷贝是一格一格的静态图像，当你只看其中的一格时，根本看不到动态和将要发展的趋势，当你每秒钟看过25帧图片，它就形成了动态的画面。

理解技术指标，而不是机械地使用指标是投资的关键。

资料来源：http://blog.sina.com.cn。

一、MA

（一）MA简介

MA（移动平均线）是指用统计分析的方法，将一定时期内的证券价格（指数）加以平均，并把不同时间的平均值连接起来，形成一根曲线，用以观察证券价格变动趋势的一种技术指标。

图5—18中，MA在哪？其实图中那些白色、黄色、紫色、绿色和蓝色的曲线，就是MA。

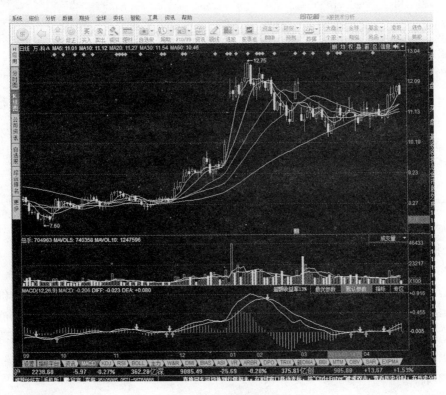

图5—18　移动平均线

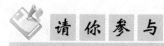 **请 你 参 与**

请在证券交易软件中找到 MA 指标的使用说明。

MA 可分为短期、中期和长期移动平均线。通常以 5 日、10 日线观察证券市场的短期走势，称为短期移动平均线；以 30 日、60 日线观察中期走势，称为中期移动平均线；以 13 周、26 周研判长期趋势，称为长期移动平均线。西方投资机构非常看重 200 天移动平均线，并以此作为长期投资的依据：若行情价格在 200 天均线以下，属空头市场；反之，则为多头市场。

 请 你 参 与

请指出一只股票的短期 MA、长期 MA 分别是哪条线？

（二）移动平均线的特点

MA 最基本的思想是消除股价随机波动的影响，寻求股价波动的趋势。它具有以下几个特点：

（1）追踪趋势。

MA 能够表示股价的波动趋势，并追随这个趋势，不轻易改变。如果从股价的图表中能够找出上升或下降趋势线，那么，MA 曲线将保持与趋势线方向一致，消除股价在这个过程中出现的起伏对趋势的影响。原始数据的股价图表不具备这个保持追踪趋势的特性。

（2）滞后性。

在股价原有趋势发生反转时，由于 MA 的追踪趋势的特性，MA 的行动往往过于迟缓，调头速度落后于大趋势，这是 MA 的一个极大的弱点。等 MA 发出反转信号时，股价调头的深度已经很大了。

（3）稳定性。

从 MA 的计算方法就可知道，要比较大地改变 MA 的数值，无论是向上还是向下，都比较困难，当天的股价必须有很大的变动。因为 MA 的变动不是一天的变动，而是几天的变动，一天的大变动被几天一平均，变动就会变小而显示不出来。这种稳定性有优点，也有缺点，在应用时应多加注意，掌握好分寸。

（4）助涨助跌性。

当股价突破了 MA 时，无论是向上突破还是向下突破，股价有继续向突破方向再走一程的愿望，这就是 MA 的助涨助跌性。

（5）支撑线和压力线的特性。

由于 MA 的上述四个特性，使得它在股价走势中起支撑线和压力线的作用。MA 被突破，实际上是支撑线和压力线被突破。

（三）MA 的应用

当平均线从下降开始走平，股价从下上穿平均线；股价连续上升远离平均线，突然下跌，但在平均线附近再度上升；股价跌破平均线，并连续暴跌，远离平均线时，均为买入信号。

当平均线从上升开始走平，股价从上下穿平均线；股价连续下降远离平均线，突然上升，但在平均线附近再度下降；股价上穿平均线，并连续暴涨，远离平均线时，均为卖出信号。

股市中常说的死亡交叉和黄金交叉，实际上就是向上或向下突破压力线或支撑线的情况。

请　你　参　与

什么是黄金交叉与死亡交叉？请找出一只股票 MA 指标中的黄金交叉与死亡交叉。

二、MACD

（一）MACD 介绍

MACD，即指数平滑异同移动平均线，它是利用快速移动平均线和慢速移动平均线，在一段上涨或下跌行情中两线之间的差距拉大，而在涨势或跌势趋缓时两线又相互接近或交叉的特征，通过双重平滑运算研判买卖时机的方法。

它在哪？打开行情软件，窗口下方存在红色的标有 MACD 的图标，点击后，窗口下半部出现一个由红绿色的波峰、波谷以及两条线组合的图形，这就是 MACD。

（二）MACD 的应用法则

利用 MACD 进行行情预测，主要是从以下两个方面进行：

第一，以 DIF 和 DEA 的取值和这两者之间的相对取值对行情进行预测。

其应用法则如下：DIF 和 DEA 均为正值时，属多头市场。DIF 向上突破 DEA 是买入信号；DIF 向下跌破 DEA 只能认为是回落，应获利了结。

DIF 和 DEA 均为负值时，属空头市场。DIF 向下突破 DEA 是卖出信号；DIF 向上穿破 DEA 只能认为是反弹，作暂时补空。

第二，利用 DIF 的曲线形状进行行情分析。主要采用指标背离原则，这个原则是技术指标分析中经常使用的。具体的叙述是：如果 DIF 的走向与股价走向相背离，则此时是采取行动的信号，至于是卖出还是买入要依 DIF 的上升或下降而定。

三、WMS

（一）WMS 介绍

WMS（威廉指标）最早起源于期货市场，该指标通过分析一段时间内股价高低价位和收盘价之间的关系，来度量股市的超买超卖状态，依次作为短期投资信号的一种技术指标。目前，它已经成为中国股市被广泛使用的指标之一。

WMS 指标表示的含义是当天的收盘价在过去一段日子的全部价格范围内所处的相对位置。如果 WMS 的值比较大，则当天的价格处在相对较高的位置，要提防回落；如果 WMS 的值较小，则说明当天的价格处在相对较低的位置，要注意反弹；WMS 取值居中，在 50 左右，则价格上下的可能性都有。WMS 的取值范围为 $0 \sim 100$。

（二）WMS 的参数选择和应用法则

WMS 的操作法则也从两方面考虑：一是 WMS 取值的绝对数值，二是 WMS 曲线的形状。

第一，从 WMS 的绝对取值方面考虑。WMS 的取值介于 0～100 之间，以 50 为中轴将其分为上下两个区域。在上半区，WMS 大于 50，表示行情处于弱势；在下半区，WMS 小于 50，表示行情处于强势。

当 WMS 高于 80 时，即处于超卖状态，行情即将见底，应当考虑买进。

当 WMS 低于 20 时，即处于超买状态，行情即将见顶，应当考虑卖出。

第二，从 WMS 的曲线形状考虑。这里只介绍背离原则，以及撞顶和撞底次数的原则。

在 WMS 进入高位后，一般要回头，如果这时股价还继续上升，就会产生背离，是卖出的信号。

在 WMS 进入低位后，一般要反弹，如果这时股价还继续下降，就会产生背离，是买进的信号。

WMS 连续几次撞顶（底），局部形成双重或多重顶（底），则是卖出（买进）的信号。

四、KDJ

（一）KDJ 介绍

KDJ 指标又称为随机指标，是由 George Lane 首创的。与 WMS 一样，是期货和股票市场上最常用的技术分析工具之一。

KD 是在 WMS 的基础上发展起来的，所以 KD 具有 WMS 的一些特性。在反映股市价格变化时，WMS 最快，K 其次，D 最慢。在使用 KD 指标时，投资者往往称 K 指标为快指标，D 指标为慢指标。K 指标反应敏捷，但容易出错，D 指标反应稍慢，但稳重可靠。

（二）KDJ 的应用法则

第一，从 KD 的取值方面考虑。KD 的取值范围都是 0～100，将其划分为几个区域：超买区、超卖区、徘徊区。按一般的划分法，80 以上为超买区，20 以下为超卖区，其余为徘徊区。根据这种划分，KD 超过 80 就应该考虑卖出了，低于 20 就应该考虑买入了。

第二，从 KD 指标曲线的形态方面考虑。当 KD 指标在较高或较低的位置形成了头肩形和多重顶（底）时，是采取行动的信号。需要注意的是，这些形态一定要在较高位置或较低位置出现，位置越高或越低，结论越可靠，越正确。操作时可按形态理论的原则进行。

第三，从 KD 指标的交叉方面考虑。K 与 D 的关系就如同股价与 MA 的关系一样，也有死亡交叉和黄金交叉的问题。K 上穿 D 是金叉，为买入信号；K 从上向下穿破 D

为死叉，是卖出信号。

第四，J 指标取值超过 100 和低于 0，都属于价格的非正常区域，大于 100 为超买，小于 0 为超卖。

五、RSI

（一）RSI 介绍

RSI 指标（Relative Strength Index，相对强弱指标）是与 KDJ 指标齐名的常用技术指标。RSI 以一特定时期内股价的变动情况来推测价格未来的变动方向，并根据股价涨跌幅度显示市场的强弱。

RSI 一般取 5 日、9 日、14 日等。RSI 的取值介于 0～100 之间。

（二）RSI 的应用法则

第一，短期 RSI＞长期 RSI，则属多头市场；短期 RSI＜长期 RSI，则属空头市场。

第二，根据 RSI 取值的大小判断行情。将 100 分成四个区域，根据 RSI 的取值落入的区域进行操作。划分区域的方法见表 5—1。

表 5—1   RSI 取值的四个区域

RSI 值	市场特征	投资操作
80～100	极强	卖出
50～80	强	买入
20～50	弱	卖出
0～20	极弱	买入

第三，从 RSI 的曲线形状判断行情。当 RSI 在较高或较低的位置形成头肩形和多重顶（底）时，是采取行动的信号。这些形态一定要出现在较高位置和较低位置，离 50 越远越好，越远结论越可信，出错的可能性越小。

练 一 练

请用前述几种指标来分析一下"伊利股份"。

技能训练

学习本单元的内容后，请尝试找到一只目前能够买入的股票，并进行模拟操作。

学习小结

通过本单元的学习，你的收获有：

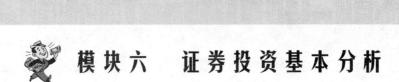

模块六　证券投资基本分析

　　要确定公司股票的合理价格，证券投资分析者就必须先预测公司预期的每股收益。在证券投资中，根据证券未来的预期收益确定股票投资价值的方法称为基本面分析，也称基本分析。

单元一　行业分析

请 你 参 与

请问：你坐过高铁吗，对高铁的感受如何？

_____

_____

_____

_____

_____

_____

　　在证券投资中，要对投资的具体领域和具体对象加以选择，就需要进行行业分析和公司分析。行业分析主要是界定行业本身所处的发展阶段、行业在国民经济中的地位、行业对宏观经济周期的敏感性，分析影响行业发展的各种政策因素以及政策对行业的影响力度，预测行业的未来发展趋势，判断行业的投资价值，为投资决策提供依据。

　　行业经济是宏观经济的组成部分，宏观经济活动是行业经济活动的总和。在任何情况下，总是有些行业的增长与宏观经济的增长同步，有些行业的增长高于或是低于宏观经济的增长。行业有自己特定的生命周期，处在生命周期不同发展阶段的行业，或者在国民经济中具有不同地位的行业，其投资价值也是不一样的。不同的行业会为公司投资价值的增长提供不同的空间，行业是直接决定公司投资价值的重要因素之一。

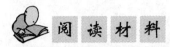

谁跑得更快？

2007年4月18日，中国铁路实施第六次大提速，在京哈、京沪、京广等既有铁路干线上实施时速200km/h的提速，部分区段列车运行时速到达250km/h。2012年，京广高铁全线贯通，最高运营速度达到300km/h，令出行者倍感方便。而火车在研制的初期，却饱受世人的嘲讽，甚至有人驾着马车和火车赛跑。

瓦特蒸汽机的发明，促使了欧洲的工业革命。1814年，史蒂芬孙根据蒸汽机的原理，研究出世界上最早的可以在铁路上行使的蒸汽机车。但它像初生的婴儿一样，丑陋笨重，走得很吃力，像个病魔缠身的怪物。面对构造简单、振动厉害、速度缓慢的这个怪物，有人驾着一辆漂亮的马车，和它赛跑，讥笑称："火车怎么还没有马车快呀？"而且有人责怪火车声音又尖又大，把附近的牛都吓跑了。

然而，史蒂芬孙坚信火车一定能够超过马车，具有远大的前途。他以科学的态度，正视火车的缺陷，做了一系列改进和革命：减少了机车排气时发出的尖叫声，加强了锅炉的火力，提高了车轮的运转速度。1825年9月，史蒂芬孙再次进行了试车表演，而这次，好事者的马车却被远远甩在后面。

今天，马车仍按着原速转动着它的轮子，而火车却在飞速前进着……

资料来源：http://www.zhidao.baidu.com。

一、认识行业

对于行业，还没有一个清晰、统一的定义，在社会经济活动中，一般把生产同类产品的企业看作一个行业，比如房地产产业，这些企业都生产房子。有时人们也把具有相似工艺过程的企业看作一个行业，比如挖煤、开采矿石、开采稀土等，这些企业有一个共同的特点，它们的生产工艺相似，生产过程也类似。也有人把围绕某一生产对象所展开的一系列活动看成一个行业，比如电力，一些企业生产电，有些企业生产输电的电缆，有些企业生产输电用的控制电器、绝缘子等，这些企业的经济活动就构成了一个行业。

在美国证券市场，投资者一般按照道琼斯分类法将大多数股票分为工业、运输业和公用事业三类。

联合国经济和社会事务部统计司发布的《所有经济活动的国际标准产业分类》，把国民经济划分为 17 个门类：（1）农业、畜牧狩猎业、林业和渔业，（2）采矿业及土石采掘业，（3）制造业，（4）电、煤气和水，（5）建筑业，（6）批发和零售业、饮食和旅馆业，（7）运输、仓储和邮电通信业，（8）金融、保险、房地产和工商服务业，（9）政府、社会和个人服务业，（10）其他。

GB/T 4754—2011《国民经济行业分类》将国民经济行业划分为门类、大类、中类和小类四级。三次产业划分范围如下：

第一产业是指农、林、牧、渔业。

第二产业是指采矿业，制造业，电力、燃气及水的生产和供应业，建筑业。

第三产业是指除第一、二产业以外的其他行业。包括：交通运输、仓储和邮政业，信息传输、计算机服务和软件业，批发和零售业，住宿和餐饮业，金融业，房地产业，租赁和商务服务业，科学研究、技术服务和地质勘查业，水利、环境和公共设施管理业，居民服务和其他服务业，教育，卫生、社会保障和社会福利业，文化、体育和娱乐业，公共管理和社会组织，国际组织。

在我国的证券投资中，行业主要是按 GB/T 4754—2011《国民经济行业分类》进行划分的。

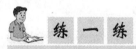

在证券投资中，伊利股份属于哪一行业？格力电器属于哪一行业？中国南车属于哪一行业？

二、了解行业对经济周期的敏感性

证券投资者一旦预测了宏观经济的发展趋势，接下来就需要对具体行业所处的现状及其前景做出预测。

很明显，食品饮料业几乎不受经济周期的影响，尤其是食品行业，可以称得上是对经济周期最不敏感的行业。这个结论并不令人惊讶，俗话说得好："民以食为天。"因为食品是生活必需品，即使在经济最困难的时期，人们对食品的支出也不可能有很大的调整。

与此形成鲜明对比的行业是金融保险业和耐用消费品行业。在经济衰退时期，人们会减少对保险的购买，减少对金融产品的购买，减少对耐用消费品的购买，千方百计地延长耐用消费品的使用期，直到人们的收入升高后购买新的耐用消费品为止。

　　一个行业对经济周期的敏感性取决于三个因素：首先是行业产品销售量对经济周期的敏感性，行业产品销售量对经济周期的敏感性最低的是生活必需品行业，如食品、药品、医疗服务行业。另外像白酒行业、烟草行业也属于低敏感性的行业。相反，生产耐用消费品的行业如汽车、家用电器、房地产产业则对经济发展的状况有很高的敏感性。

　　其次，行业中企业的平均经营杠杆是决定行业敏感性的第二个因素。经营杠杆反映了企业固定成本与可变成本之间的比例关系（固定成本是与企业的产量无关的成本，无论企业的生产量有多高，企业总需负担的成本，即使企业不生产，也需负担该成本。可变成本是指随企业生产量变化而变化的成本）。如果行业中企业的经营杠杆较低，则该行业对经济周期的敏感性就较低，因为当经济陷入衰退时，公司由于销量的降低而削减产量，公司的成本也随之降低，公司的业绩受到的影响不大。但对于经营杠杆较高的行业来说，由于其固定成本较高，销量的下降影响了公司的销售收入，但公司的成本并不能同比下降，将直接造成公司的盈利下降。

　　行业中企业的平均财务杠杆是决定行业敏感性的第三个因素。财务杠杆是公司债务的一个反映。债务利息的支出与公司的销售无关，当公司因经济衰退出现销售降低时，如果公司的资产回报率低于债务利息率，公司的亏损就会增大。

　　按照行业对经济周期的敏感性不同，证券投资分析人员把行业分为三个类型：

　　第一种类型的行业为增长型行业。这类行业的运动状态与经济活动总水平的周期及其振幅无关。这类行业收入增长的速度相对于经济周期的变动来说，并未出现同步变动，因为它们主要依靠技术的进步、新产品的推出及更优质的服务，从而使其经常呈现出增长形态。20世纪80年代的计算机行业、我国现阶段的通信行业属于增长型行业。

　　第二种类型的行业为周期型行业。这类行业的运动状态直接与经济周期相关。当经济处于上升时期时，这些行业会紧随经济周期快速扩张；当经济衰退时，这些行业也迅速衰退。耐用消费品行业、奢侈品行业属于典型的周期型行业。

　　第三种类型的行业为防守型行业。社会对这类行业的产品需求相对稳定，并不受经济周期处于衰退阶段的影响。例如，食品行业和公用事业等。

练 一 练

按照行业对经济周期的敏感性划分，白酒属于哪一类型行业？

在经济繁荣的时期，下列哪一个行业有比较好的业绩？并说明原因。
A. 采掘业　B. 金融业　C. 耐用消费品业　D. 设备制造业

三、理解行业的生命周期

一百多年前，美国的铁路处于鼎盛时期，铁路股票炙手可热。但是在今天，约有一半以上的美国人没有坐过火车，铁路股票已不再能引起人们的兴趣。相反，过去被人们冷落的高新技术产业如计算机、移动通信行业、新能源行业的股票现在已成热门股票。人类的历史证明，新的行业总是在不断诞生，旧的行业总是在不断退出历史舞台。

如果关心新能源行业，你会发现许多公司具有高的投资率、高的投资收益率和低的股利发放率。而公用事业、煤炭行业和钢铁业则与此相反，它们有低的收益率、低投资率和高的股利发放率。

新能源还是一个全新的行业。新产品会得到专利的保护，新的技术正在创造高获利的机会，行业的边际利润较高。在如此诱人的投资机会下，大多数公司会把所有的利润都投入到这一行业。新能源行业的规模会急速膨胀。

新能源行业的膨胀速度最终慢了下来。因为高额的利润驱使众多的新公司进入，行业中厂商数量的增加最终导致了行业内部竞争的加剧，使行业总体的投资收益率降低。尤其当新能源行业的一系列新技术被市场证实后，行业的发展前景日趋明朗，风险水平随之下降，新公司进入该行业的后顾之忧得以消除。当行业内部的投资机会逐渐减少，公司税后利润用于行业内部投资的比例就逐渐减少。当然，行业的现金红利随之增加。

当该行业的技术逐步成熟，市场规模相对稳定后，行业就会有固定的现金流入，固定的股利发放，风险也相对较低。所以，处于生命周期较早阶段的行业将提供高风险、高潜在收益的投资机会，而一个成熟的行业只有"低风险、低收益"。

新能源行业的分析告诉投资者，一个典型的行业生命周期有四个阶段：创立阶段，此时行业有很高的发展速度；成长阶段，行业的发展速度已经降低，但仍高于整体经济的发展速度；成熟阶段，行业的发展速度与经济的整体发展速度一致；衰退阶段，其发展速度已经慢于经济中的其他行业。图6—1所示为行业生命周期的图示。

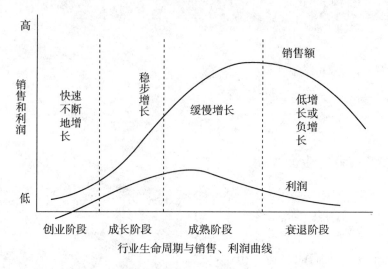

行业生命周期与销售、利润曲线

图6—1 行业生命周期图示

（一）创业阶段

任何一个产业都是以一项新技术或一种新产品作为序幕的。比如20世纪80年代的PC，90年代的VCD，生物工程技术。在这一阶段中，很难预测出哪一家公司会最终成为行业的领导者。它们中的有些会很成功，但也有一些会饮恨市场。我国的VCD行业于1993年起步于安徽万燕这家民营企业，然而，在后来的市场竞争中，万燕却像一个疲惫不堪的老农倒在自己开垦的处女地上。因此，在行业的创业阶段，选择行业中的特定公司进行投资是有较高风险的。

但是在这一阶段，行业中公司的销售额和净利润会急剧膨胀，因为此时市场中的新产品远未达到饱和的程度。比如，1995年时我国绝大多数家庭没有VCD播放机，该产品的潜在市场就是所有拥有电视机的家庭。与此相对应，像电视机这样成熟的产品，它们的市场却很窄。在那时候，我国城镇居民的家里几乎都有了电视机，电视机的市场就只能由那些正考虑购买的家庭组成，显然，电视机市场的发展速度会远远落后于VCD的市场。

（二）成长阶段

在成长阶段，新行业的产品经过广泛宣传和消费者的试用，逐渐以其自身的特点赢得了大众的欢迎或偏好，市场需求开始上升，新行业也随之繁荣起来。当某个产品（比如豆浆机）已经建立了较稳定的市场，行业领导者就出现了。从创业阶段存活下来的企业一般有很顽强的生命力，市场知名度较高，企业产品的市场份额也比较稳定且容易预测。尽管这些公司的产品已经进入市场并广泛使用，但该产品的市场占有率较低，该行业仍然具有比其他行业更高的发展速度。

（三）成熟阶段

行业的成熟期是一个相对较长的时期。在这一时期里，在竞争中生存下来的少数大厂商垄断了整个行业的市场，每个厂商都占有一定比例的市场份额。由于彼此势均力敌，市场份额比例发生变化的程度较小。不同厂商产品之间的竞争手段逐渐从价格手段转向各种非价格手段，如产品独特的品质、产品独有的某种性能、产品新颖的外观、良好的售后维修服务等。行业的利润由于一定程度的垄断达到了较高的水平，而风险却因市场比例比较稳定，新企业难以进入而较低。

具体来看，各个行业成熟期的时间长短往往有所区别。一般而言，技术含量高的行业成熟期历时相对较短，而公用事业行业成熟期持续的时间较长。行业处于成熟期的特点主要有：企业规模空前、地位显赫，产品普及度高。行业生产能力接近饱和，市场需求也趋于饱和，买方市场出现。

在行业成熟阶段，行业利润稳定但增长率不高，整体风险也会维持在一个较低的水平。但在某些情况下，整个行业的增长可能会完全停止，其产出甚至下降。由于丧失其资本的增长，致使行业的发展很难较好地保持与国民生产总值同步增长，当国民生产总值减少时，行业甚至蒙受更大的损失。

需要投资者注意的是，在行业的成熟阶段，行业有可能二次飞跃，重新进入快速成长期。如黑色家电的平板化技术、数字化和信息化技术的重大技术突破，开发出全新一代的大屏幕平板电视，使平板电视机的成本大大降低，重新激发出巨大的市场需求。已经进入成熟阶段的家电在数字技术的推动下，产生了向"信息家电"发展的新趋势，前景难以限量。

（四）衰退阶段

行业衰退是客观的必然，是行业经济新陈代谢的表现。衰退期出现在较长的稳定期之后。由于大量替代品的出现，原行业产品的市场需求开始逐渐减少，产品的销售量也开始下降，某些厂商开始向其他更有利可图的行业转移资金，因而原行业出现了厂商数目减少、利润水平停滞不前或不断下降的萧条景象。至此，整个行业便进入了衰退期。

行业衰退可以分为绝对衰退和相对衰退。绝对衰退是指行业本身内在的衰退规律起作用而发生的规模萎缩、功能衰退、产品老化。相对衰退是指行业因结构性原因或者无形原因引起的行业地位和功能发生衰减的状况，而并不一定是行业实体发生了绝对的萎缩。

但在很多情况下，行业的衰退期往往比行业生命周期的其他三个阶段的总和还要长，大量的行业都是衰而不亡，甚至会与人类社会长期共存。例如，钢铁业、纺织业在衰退，但是人们却看不到它们的消亡。

当然，随着技术进步、经济全球化等因素的变化，某些处于衰退期的行业还会重新焕发成长的生机。证券投资分析界所奉行的"没有夕阳产业，只有夕阳企业"的论断也正缘于此。

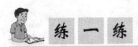

练一练

试指出下列行业分别处于行业生命周期中的哪一阶段？

生物医药　汽车制造　金融保险　计算机　通信

阅读材料

彼得·林奇选择投资行业的方法

生命周期的哪个阶段对投资最具吸引力？通常认为，投资者应该选择具有高成长率的行业。但这一投资"秘方"过于简单化了。如果证券的价格已经反映了行业高成长的可能性，那么这个投资的"窍门"就失效了。其实，高成长和超额的利润会诱使其他厂家进入该行业，一旦行业中厂商数量增加，竞争加剧，行业的平均利润率就会随之降低，行业中厂商的盈利能力就会受到限制。这就是存在于行业生命周期各阶段过渡过程背后的动态机制。

彼得·林奇一直以他的选股能力而著称，他有一句名言："只要用心对股票做一点点研究，普通投资者也能成为股票投资专家，并且在选股方面的成绩能像华尔街的专家一样出色"。

关于如何寻找赚钱的股票，彼得林奇有自己独特的方法。他在《华尔街的一次飞跃》中写道：

许多人愿意投资于一个高成长率的行业，哪里看上去热闹非凡火爆得很。但我并不是。我更愿意投资于一个成长率低的行业……尤其是那些使人们厌烦或懊恼的行业，投资者根本不用考虑竞争对手的问题……这也为你保证了持续增长的空间。

事实上，彼得·林奇使用的分类方法与前面介绍的生命周期有某些神似之处。他将上市公司分成六种不同的类型：

稳定缓慢增长型：一些历史悠久的大公司一般只能以稍快于整体经济的速度进行发展。这些公司已经经历前期的快速发展而步入成熟期。公司通常有稳定的现金流入并分发大量的股利，公司经营中所产生的现金已经大于公司赢利性再投资的需求。

大笨象型（强壮型）：这些公司的发展明显好于缓慢增长型，但并非向创业阶段那样迅速扩张。它们也可能是对经济周期不敏感的行业，如可口可乐等。

快速增长型："快速增长型公司"是林奇最喜欢投资的类型之一。他认为，如果投资者仔细选择，就会发现这类公司中蕴藏着大量能涨10～40倍，甚至200倍的股票。这类公司通常规模较小，但却有很高的增长率。这些公司的年平均收益率一般在20%～30%。

周期型：那些随着经济周期波动，其销售额和净利润也随着扩张和收缩的行业。

资产富余型：某些上市公司尽管目前的经营业绩或许很一般，但它们却拥有大量的土地储备、潜在的盈利资产及随时可套现的股权投资资产等，一旦对这部分隐蔽性资产的实际价值进行价值重估的话，那么，这类公司的实际价值就会超越目前的账面价值。从这个角度分析，这类公司的投资风险相对较低，但投资收益反而相对较高。

转型困境型：那种已经受到沉重打击衰退了的企业，并且几乎要破产保护。彼得·林奇自己承认，让他赚钱最多的是转型困境型公司的股票。对于那些处于破产边缘的企业，如果它们能从厄运中恢复过来，就可以提供巨额的投资收益。因为公司一旦成功转型，摆脱困境，就可能会乌鸦变凤凰。我国许多股民喜欢炒作题材股，就是因为这种"乌鸦变凤凰"的巨大诱惑。

这六种不同类型的企业有着不同的特点和投资方法，而且林奇对不同类型公司股票的预期收益也不同。比如，如果你持有的是缓慢增长型的股票，那么就不应该指望它会有多么了不起的表现，相反，如果你持有的是快速增长型，那么就不应该轻易地将其卖出。

资料来源：滋维·博迪，《投资学（第六版）》，328页，北京，机械工业出版社，2012。

四、了解行业的结构和业绩

投资者已经认识到一个企业的赢利水平与其所处的行业具有一定的关系。哈佛商学院的企业经济学教授迈克·波特，对这种关系进行了科学的解释并提供了分析工具。

他运用经济学的理论和方法分析行业竞争强度与企业赢利水平之间的关系,提出了行业竞争结构分析的五种力量模型:行业内部现有竞争者的竞争;潜在进入者的威胁;替代产品的威胁;供应商讨价还价的能力;顾客讨价还价的权力。

(一)行业内部现有竞争者的竞争

一个企业的赢利潜力取决于其所处行业的赢利潜力,一个行业的赢利水平又取决于这个行业的竞争强度。当一个行业中存在激烈的竞争时,由于企业力图扩大其市场份额,市场中就会产生价格战。价格战降低了企业的边际利润。如果行业本身增长缓慢,行业内部的竞争就会更加激烈,一个企业只有通过对竞争对手市场份额的掠夺才能扩大自身的规模。如果行业的生产成本中固定成本所占的比例较高,企业为了能充分利用生

产能力进行生产,企业之间的价格竞争就会进一步加剧。从 1995 年开始,我国的市场上先后上演了 VCD 大战、彩电大战、空调大战、牛奶大战、微波炉大战、保健品大战、热水器大战等残酷的价格战。

(二)潜在进入者的威胁

在一个行业刚刚兴起的时候,例如家用空调、保健品、计算机等行业,新的进入者可能会带来新的资金、产品和观念,促进整个行业的早期发展。但是当行业进入成长阶段以后,新的进入者所带来的主要是行业竞争强度的增加,行业平均利润的降低。一般来说,行业进入壁垒是行业

竞争力的一个重要因素。如果一个行业的进入壁垒很高,潜在进入者就较少,潜在进入者的威胁就较低,行业就能保持较高的平均利润率。例如,飞机制造、通信、汽车制造、石油化工等行业的进入壁垒就很高,进入者不仅需要巨额的资本,还需要相应的专利、大量的技术人员等。相反,初始投入少的行业,技术含量低的行业(如小型零售、电器修理、制衣、塑料制品、电器装配等行业),一般不可能长期维持高水平的投资收益率。

(三)替代产品的威胁

一个没有替代产品威胁的行业,由于产品的需求具有刚性,整个行业也可以获取高额利润。但是如果一个行业受到替代产品的威胁,那么它不仅会受到替代产品对价格的限制,而且即使遇到严重供不应求的情况时,也不能够过分提高产品的价格。例如,我国民用航空管理部门曾经规定,所有航空公司不允许提供低于八折的优惠,理

由是只要所有航空公司严格执行统一的价格政策，乘客是不会出现大幅下降的。但是民用航空管理部门在做出这个决策的时候，没有认真考虑替代产品的威胁——汽车、火车和轮船等交通工具的威胁，更没有预测到这些替代产品在性价比改进之后会对航空业造成的威胁。

（四）供应商讨价还价的能力

如果供应商的市场势力大，那么供应商会以要求提高供应商品价格或者通过降低产品质量和服务的方法来降低下游行业的利润率。下列几种情况都会增加供应商的议价能力。

首先，供应商所处行业集中度高，而其所供应的下游行业的集中度降低，那么供应商的市场势力就会自然增加。如世界矿业巨头力拓、必合必拓等公司对中国钢铁企业供应铁矿石就属于这种情况。

其次，如果供应商所供应的产品几乎没有替代产品，则供应商就拥有很强的议价能力。如我国的包钢稀土等。

再者，如果供应商所供应的产品是非标准化的，那么顾客对供应商的依赖就更大，供应商讨价还价的权力就因此上升。

最后，如果供应商所供应产品的转换成本高，下游企业在转换供应或者选择不同供应商生产产品时，需要改造设备、调整工艺或者有可能发生质量问题，那么供应商的势力就比较大。此外，供应商与下游企业讨价还价能力的大小还取决于哪一方进入对方所从事的行业更加容易。如果下游企业进入供应商的行业比较容易，供应商的议价能力就会受到很大限制。

（五）顾客讨价还价的权力

如果顾客讨价还价的权力比较大，那么顾客会要求这个行业中的企业降低产品价格、提高产品和服务的质量，这样行业的整体赢利水平就会降低。在下列情况下，顾客讨价还价的权力会自动提高：

（1）顾客的集中度高。如果顾客所处行业的集中度比供应商所处行业的集中度高，那么就意味着顾客们控制和压低价格的能力更大。

（2）一个顾客的购买量在供应企业总销售额中占很大的比重。那么供应商一旦失去了这个顾客就很难寻找到同样的顾客，从而出现销售额和利润水平的大幅下降，这种情况下，顾客讨价还价的权力会自动提高。如大型综合零售企业沃尔玛、家电零售企业苏宁电器等，它们在全球进行采购，采购成本较低。

（3）如果顾客所购买的产品没有差异，那么它们对供应商的依赖性就很低，就有更大的选择权力和讨价还价的权力。

（4）顾客转换产品的成本低。如果顾客在调整供应商的过程中不会产生高成本，那么他们挑选或者更换供应商就更加容易。

练 一 练

通过互联网，从行业分析的角度，挑选出一个垄断的行业，并与同学交换对该行业的看法。

_____

_____

_____

_____

技 能 训 练

我国的无线通信行业属于那种行业结构？谈谈你对该行业结构的看法？

_____

_____

_____

_____

_____

市场占有率是企业生命之本，而高的市场占有率是依赖于强大的市场开拓能力来实现的。不断挖掘现有市场潜力，不断开拓新的市场，挺进全球市场是许多大型企业的经营目标。

处于行业龙头地位的企业，在规模、技术、产品质量上都是领先的，其经营业绩和成长性一般也领先于同行业的企业，投资者应特别关注这类企业。

（二）区位优势

区位是指地理范畴上的经济增长带或经济增长点及其辐射范围。区位是资本、技术和其他经济要素高度积聚的地区，也是经济快速发展的地区。区位的自然资源和基础条件包括矿产资源、水资源、能源、通信设施、交通设施等，在区位经济发展中起着重要作用，也对区位内上市公司的发展起着重要的限制或促进作用。上市公司的投资价值与区位经济的发展密切相关，

处在经济区位内的上市公司，一般具有较高的投资价值。

为了进一步促进地区经济的发展，当地政府一般都会制定经济发展的战略规划，提出相应的产业政策，确定优先发展和扶植的产业，并给予相应的财政、信贷及税收等诸多方面的优惠措施。这些措施有利于引导和推动相关产业的发展，相关产业内的公司将因此受益。因此，区位内主营业务符合当地政府的产业政策的上市公司通常会获得诸多政策支持，这对上市公司的进一步发展也极为有利。

区位的经济特色是指区位内经济与区位外经济的联系和互补性、龙头作用及其发展活力与潜力的比较优势。它包括区位的经济发展环境、条件与水平、经济发展现状等有别于其他区位的特色。区位特色也意味着区位的竞争优势。企业如果能充分依托区位特色进行市场竞争，无疑在经济发展中找到了很好的切入点。比如，某区位在汽车工业领域已经形成了优势和特色，那么该区位内的相关上市公司，在同等条件下比其他区位主营业务相同的上市公司具有更大的竞争优势和发展空间。

对上市公司进行区位优势分析，就是将上市公司的投资价值与区位经济的发展联系起来，通过分析上市公司所在区位的自然条件、资源状况、产业政策、政府扶持力度等方面来考察上市公司发展的优势和后劲，确定上市公司未来发展的前景，以判断上市公司的投资价值。

二、公司产品分析

公司产品的竞争力是公司分析非常重要的一个方面。产品的竞争力主要体现在技术优势、成本优势、质量优势和品牌效应等几个方面。

技术优势是指企业拥有比同行业其他竞争对手更强的研究与开发新产品的能力。

这种能力主要体现在生产的技术水平和产品的技术含量上。在现代市场经济中，企业产品的创新是决定企业竞争成败的关键因素，而企业的产品创新能力主要取决于研发投入。为了提高企业的研发能力，许多企业提取销售额的一定比例作为研究开发费用。产品的创新包括：提高产品的质

量、开发出新产品；通过新工艺的研究，开发出一种新的生产流程，降低现有的生产成本；根据市场细分进行产品细分，实行产品差异化策略；通过研究产品组成要素的新组合，获得一种原料或半成品的新供给来源等。

成本优势是指企业依靠低成本获得高于同行业其他企业的盈利能力。在很多行业中，成本优势是决定竞争优势的关键因素。如果企业能够创造和维持成本领先优势，那么它只要将价格控制在行业平均或接近平均的水平，就能获得优于行业平均水平的经营业绩。

企业成本优势的来源各不相同，并取决于行业结构。一般来讲，产品的成本优势可以通过规模经济、专利技术、科学的管理、发达的营销网络等实现。

质量优势是指企业的产品以高于其他企业同类产品的质量赢得市场，从而取得竞争优势。由于企业技术能力及管理等诸多因素的差别，不同企业间的同类产品的质量有一定差别。比如都是空调机，格力空调的制冷效率就相对较高，产品也比较耐用；都是电脑，IBM电脑就具有产品质量好、设计便捷、耐用的特点。因此，消费者在进行购买选择时，产品的质量始终是影响他们购买倾向的一个重要因素。当一

个企业的产品与竞争对手的产品在成本相等或近似的情况下时，具有质量优势的企业往往在该行业中占据领先地位。

品牌是企业的产品、企业的行为、企业产品的品质以及企业每个员工在社会上给消费者留下的印象的总和。一个品牌不仅是一种产品的标识，而且是产品质量、性能、满足消费者效用可靠程度的综合体现。品牌竞争是产品竞争的深化和延伸，当行业发展进入成熟阶段，产品竞争充分展开时，品牌就成为产品及企业竞争的重要因素。如果企业拥有知名的品牌，其产品的竞争力就会更强一些。例如，茅台是我国著名的白酒品牌，茅台酒在消费者心中具有高档、品位的地位。品牌的知名度对企业的持久发展十分重要。品牌具有产品所不具有的开拓市场的多种功能、巩固市场的功能、联合市场的功能，以及创造市场的功能。

企业竞争的基础在改变

竞争的环境改变，竞争的规则也跟着改变。

敌无我有：这是最佳的竞争状态，此时企业因为没有竞争对手，是独门生意，可以自由定价。这是数量的竞争。

敌有我优：如果对手也会做，拥有了量产的技术，但我的质量比较好，就能在竞争中胜出。这是质量的竞争。

敌优我廉：如果竞争对手的产品质量也很好，那么，我要卖得比他便宜，才能赢他。这是成本的竞争。

敌廉我快：如果竞争对手的成本控制得也很好，产品的价格也很便宜，那么我就要在出货速度上优于对手，从而在竞争中占优。这是速度的竞争。

敌快我走：如果竞争对手的供货速度也很快，这个生意就没有什么赚头了，那我就要实行产品战略转移。这是管理的竞争。

资料来源：柳中冈，《漫话 ERP》，16 页，北京，清华大学出版社，2005。

请思考：五粮液具有哪些产品优势，海尔洗衣机具有哪些产品优势？

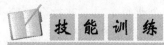

技 能 训 练

双汇冷鲜肉在肉制品行业居于何种地位？谈谈你对双汇的看法？

_____

_____

_____

_____

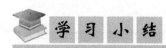

学 习 小 结

通过本单元的学习，你的收获有：

_____

_____

_____

_____

单元三　公司治理结构和管理团队分析

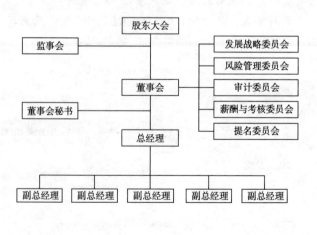

请问，你们（你的亲戚）家有入股的企业吗？企业的核心管理人员是谁？

一、公司治理结构分析

公司治理结构是一套制度安排，用以支配在企业组织中有重大利害关系的投资人、经理人和职工之间的权利关系。公司治理结构的核心问题包括：如何配置和行使控制权；如何监督和评价董事会、经理人员和职工；如何设计和实施激励机制。

良好的公司治理结构是保护投资者利益的重要制度。在资本市场上，一个治理结构合理、高效的公司可以得到投资者的青睐，可以比较容易地以较低成本筹集到所需数额的资金，能在竞争中处于有利的地位。因此，企业之间的竞争在一定程度上就是公司治理结构的较量。

如何使公司最有效地运行，如何保证股东、债权人、当地政府、顾客、供应商等各方面的利益是衡量公司治理结构的标准。当然，公司的有效运行和科学决策不仅需要通过股东大会、董事会和监事会发挥作用的内部监控机制，更需要一系列通过证券市场、产品市场和经理人市场发挥作用的外部治理机制，如公司法、证券法、信息披露、会计准则、社会审计和社会舆论等。

良好的公司治理结构可以确保品行端正的人走上管理岗位，可以有效制约公司管理人员的道德风险。

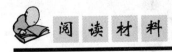

从"捐款门"看万科的公司治理结构

2008 年，对万科捐款门事件已有太多的评论。抛开这些评论，可以看出：王石在第一时间的解释中，有一点涉及公司治理结构的大原则，话虽不中听，却是有道理的。

先看王石的原文："对捐出的款项超过 1 000 万元的企业，我当然表示敬佩。但作为董事长，我认为：万科捐出的 200 万元是合适的。这不仅是董事会授权的最大单项捐款数额，即使授权大过这个金额，我仍认为 200 万元是个适当的数额。"

从万科公开披露的股东大会决议上看，万科 2008 年度授权董事会用于慈善公益方面的预算是 1 000 万元。

关于 200 万元捐款数额并不少的言论可以讨论。但王石在董事会授权的范围内，在第一时间宣布捐款 200 万元的行为却是恰当的。因为在未召开股东大会的情况下，无论王石还是万科的董事会，都没有权力在授权范围之外，随意处分股东的权益，无论是慈善还是别的原因。

根据万科公司公开披露的信息，王石虽然身为万科的董事长，但他持有的万科股份只有 993 835 股，是一个十足的小股东，也就是说，除了每年拿 691 万元年薪以外，万科创造的财富和王石并没有多大关系，而属于万科的所有股东。

作为一家上市公司，股东的权益通过股东大会和董事会两个机构得以体现。公司的重要决策，首先由董事会做出决议，然后交由股东大会表决通过执行。在董事会作决议的时候，董事长王石虽然有较大的建议权，但在股东大会投票的时候，也只能以自己的 993 835 股来投票，并没有额外的权力。而一旦股东大会通过决议，董事长王石更没有权力超越授权，随意支配股东的权益。这是上市公司的法定原则。

在 5.12 汶川地震捐款过程中，许多跨国企业在第一时间宣布的捐款额度多集中在 300 万元左右，其情况均和万科类似，因为追加捐款要有严格的程序，需要较长的时间。

中国上市公司存在的治理结构问题，恰恰就在于委托人和代理人之间的利益协调缺少刚性的制度约束。这是中国公司缺少长远创造财富能力的重要原因。

作为一个股票市场的投资者，你是愿意买进一个管理层愿意严格执行股东大会决议的企业呢？还是愿意投资给那些当场就可以追加数千万捐款的领导人领导的企业？

资料来源：新浪财经。

二、公司管理团队分析

一个企业的兴衰，与管理团队的素质和开拓精神密切相关。公司管理团队的管理能力直接影响企业的盈利能力和长期发展，是投资者在选择投资对象时必须考虑的因素之一。良好的管理团队是企业最有价值的资产。管理团队分析主要从管理团队主要成员的品德、学历、经历和管理能力等方面来进行。

现在的社会是一个讲究诚信的社会，在经济交往中，诚实守信是企业发展的基础。管理层如果品德有问题，那么在企业经营过程中，可能会以权谋私，侵吞企业财产，

损害投资者的利益。因此，投资者在对企业进行分析时，要了解管理层的以往事迹，了解其在品德方面是否有缺陷。

一般说来，管理者的能力和其他素养同他的知识水平成正比关系，知识面越宽，思路越宽，眼光越远，思维能力越强。优秀的管理者应具备的知识包括：企业管理、经济学、文学、心理学、社会学和行为科学等方面的知识。健全的知识结构，对于管理者认识企业发展的外部环境，进行有效的内部管理有重要的意义。

投资者要了解一个管理者的知识水平，可以从他的学历上看，更重要的是从他的言谈举止中去捕捉其知识水平方面的信息。因为在信息高度发达、竞争既激烈又残酷的时期，真正有抱负、有进取心的管理者都会不断进行学习，努力提高其知识水平和管理水平，而不是通过市场交易来获取学历文凭。

管理者除了要有很高的知识水平，还要有将各种管理理论和业务知识应用于实践、进行具体管理、解决实际问题的本领。基本理论和专业知识的不断积累与丰富，有助于潜能的开发与实际才能的提高；而实际能力的增长与发展，又能促进管理者对基本理论知识的学习消化和具体运用。管理者的基本能力主要是指技术技能、人际技能和概念技能。对于管理者来说，技术技能就是掌握和运用各种管理技术，并熟悉和了解本部门和其他有关部门所应用的技术。

人际技能是指与人共事、激励或指导组织中的各类员工或群体的能力。对管理者来说，表达能力、协调能力和激励能力都是非常重要的。概念技能是一种洞察既定环境复杂程度和减少这种复杂性的能力。作为一名管理者，需要快速敏捷地从混乱而复杂的环境中辨清各种因素之间的相互关系，抓住问题的实质，并根据形势和问题果断地做出正确的决策。投资者要了解管理者的技能，可以从他的经历上看。管理层的经历可能帮助其适应经营情况、政治环境和企业微观结构的变化，有经验的管理者对经营环境的变化更为敏感，反应也更迅速。

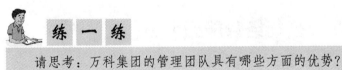

练　一　练

请思考：万科集团的管理团队具有哪些方面的优势？

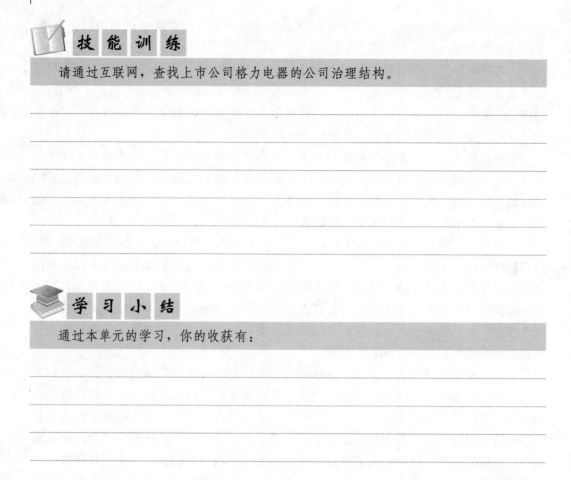

技 能 训 练

请通过互联网，查找上市公司格力电器的公司治理结构。

_____

_____

_____

_____

_____

学 习 小 结

通过本单元的学习，你的收获有：

_____

_____

_____

_____

_____

单元四　公司经营能力分析

　　发展战略是企业面对激烈的市场变化和严峻的挑战，为求得长期生存和不断发展而进行的总体性谋划。公司的发展战略规划指引着企业的发展，揭示着企业的前景。企业的发展战略是在符合和保证实现企业使命的条件下，在充分利用环境中存在的各种机会和创造新机会的基础上，确定企业同环境的关系，规定企业从事的经营范围、成长方向和竞争对策，合理地调整企业产业结构和分配企业资源。它从宏观上规定了企业的成长方向、成长速度及其实现方式。企业发展战略主要有产品发展战略、营销发展战略和人才发展战略。

　　在科学技术发展日新月异的今天，只有不断进行产品创新、技术改造的企业才能长期立于不败之地。企业应经常进行产品市场的调查，分析市场供需情况及消费者的新需求，组织新产品的研制和开发，不断设计、制造和推广新产品，保持企业产品的生命力。因此，产品发展战略对企业未来的发展非常重要。

产品生产出来要销售出去才会获得最终的利润。企业应对今后产品的销售方式、销售对象有全局的概念，对营销网络和销售渠道的建设也应提前做好规划。

总之，企业的一切经营活动最终都是通过人来控制和完成的。人员素质的高低是影响企业经营状况的根本因素。在生产经营过程中，企业一方面需要具有较高素质的科研人员研制、开发新产品，或提高现有产品的质量，改善其性能；另一方面也需要管理人才加强科学管理以降低产品的生产成本。确立人才观念，建立正确的人才发展战略，就是要善于引进人才、发现人才、培养人才和使用人才，为人才在生产经营和管理活动中发挥最大作用创造良好的条件。

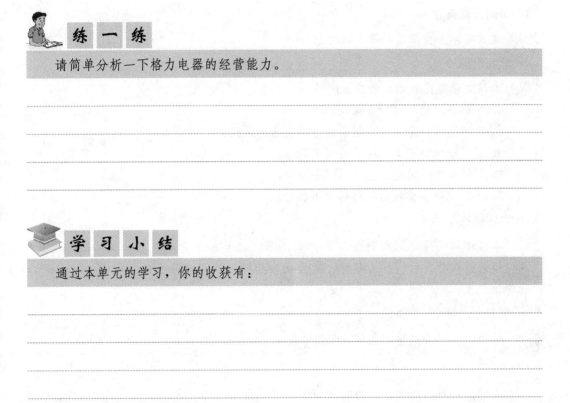

练 一 练

请简单分析一下格力电器的经营能力。

学 习 小 结

通过本单元的学习，你的收获有：

模块七　上市公司财务分析

　　在实际证券投资活动中，投资者对上市公司的分析十分必要。对上市公司的基本分析，可以使投资者大致了解上市公司的治理结构、管理团队、发展战略、市场策略、技术优势等基本情况。然而，普通的投资者很难得到上市公司的这些信息。

　　通过上市公司公开的财务数据，普通投资者可以了解上市公司的经营状况。这是因为上市公司的投资价值在很大程度上取决于公司的盈利能力和盈利水平。分析公司的财务信息，可以判断出公司的盈利能力和盈利水平。

单元一　认识基本财务报表

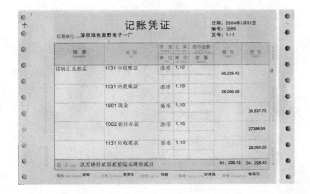

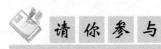

你见过企业的账表吗？

_____

_____

上市公司的基本财务数据来源于利润表、资产负债表和现金流量表。

一、利润表

利润表也称损益表，反映公司在一段时期内（比如一年）的盈利能力。利润表显示了公司在营业期间得到的收入，以及在获取收入过程中所产生的费用。收入减去费用就是公司的利润。

区分四种主要成本是有益的：营业成本是公司在正常营业过程中产生的，是一种直接成本；销售费用是公司在销售产品中产生的，也是一种直接成本；管理费用是公司在营业中产生的，包括间接费用、酬金、招待费、管理费、广告费等，该成本不是生产直接产生的；财务费用是公司使用借款资金的成本，包括利息、贴现费用等。

对公司来说，还要一项重要的成本，即所得税。

表7—1给出了贵州茅台酒股份有限公司2012年合并利润表。第一项是公司的营业收入。第二项为营业利润，营业利润＝营业收入－营业总成本＋投资收益。第三项为利润总额，利润总额＝营业利润＋营业外收入－营业外支出。第四项为净利润，净利润＝利润总额－所得税费用。

表 7—1   贵州茅台酒股份有限公司合并利润表

(截至到 2012 年 12 月 31 日，单位：元，币种：人民币)

项目	本期金额
一、营业收入	26 455 335 152.99
减：营业成本	2 044 306 468.76
营业税金及附加	2 572 644 755.42
销售费用	1 224 553 444.02
管理费用	2 204 190 581.13
财务费用	−420 975 922.49
资产减值损失	2 979 258.50
投资收益	3 103 250.00
二、营业利润	18 830 739 817.65
加：补贴收入	—
营业外收入	6 756 532.19
减：营业外支出	137 005 880.68
三、利润总额	18 700 490 469.16
减：所得税	4 692 039 766.99
四、净利润	14 008 450 702.17
归属于母公司所有者的净利润	13 308 079 612.88
五、每股收益	—
（一）基本每股收益	12.820 000
备注	

资料来源：www.moutaichina.com。

二、资产负债表

如果说利润表反映了公司在一段时间内的盈利能力，资产负债表则为公司在某一时点的财务状况提供了一张"快照"。该"快照"显示公司在某一时刻的资产与负债清单。资产与负债的净差额为公司的净资本，也称为所有者权益、股东权益。表 7—2 是贵州茅台酒股份有限公司合并资产负债表。

资产负债表由两部分组成，第一部分为资产，第二部分为负债及股东权益。

由表 7—2 可见，该资产负债表首先列出的是公司的资产，公司资产由两部分构成：流动资产与非流动资产。流动资产是公司的现金和公司能在一年中转换为现金的资产，主要包括货币资金、应收票据、应收账款、预付账款、应收利息、其他应收款和存货。非流动资产主要包括长期投资、厂房、机器设备、在建工程、工程物资、无形资产等。

　　该资产负债表的第二部分为公司的负债及股东权益。在这部分中，首先列出的是公司的流动负债，流动负债是公司的短期债务（一般是一年内需要偿还的债务），例如，应付账款、应付职工薪酬、应交税费、应付股利和预收款项。接着是公司的非流动性债务（一般是偿还期限在一年以上的债务），如长期借款、应付债券、递延所得税负债、其他非流动负债等。最后一部分是股东权益，包括公司的股本、资本公积、盈余公积、一般风险准备、未分配利润等。

　　股东权益也等于公司资产总计与债务合计的差额。它是公司的净资产，也称为公司账面价值。简单来说，资本公积是股东投入到企业、并且投入金额上超过法定资本的部分，而盈余公积相当于从公司净利润中提取的股权重新投回公司。需要说明的是，即使公司不再增加股权，公司的账面价值仍可以通过将收益重新投回公司而增加。

表 7—2　　　　　　　　　贵州茅台酒股份有限公司合并资产负债表

（截至到 2012 年 12 月 31 日，单位：元，币种：人民币）

项目	期末余额
一、流动资产	
货币资金	22 061 999 850.17
应收票据	204 079 117.80
应收账款	17 818 147.27
预付款项	3 872 870 407.89
其他应收款	137 968 684.11
应收利息	264 612 813.22
存货	9 665 727 593.42
流动资产合计	36 225 076 613.88
二、非流动资产	
持有至到期投资	50 000 000.00
长期应收款	——
长期股权投资	4 000 000.00
固定资产	6 807 333 231.09
在建工程	392 672 323.95
工程物资	2 676 942.59
无形资产	862 615 899.20
长期待摊费用	10 177 029.43
递延所得税资产	643 656 913.32
非流动资产合计	8 773 132 339.58
资产总计	44 998 208 953.46

续前表

项目	期末余额
三、流动负债	
短期借款	—
应付票据	—
应付账款	345 280 977.68
预收款项	5 091 386 269.55
应付职工薪酬	269 657 755.58
应交税费	2 430 093 461.38
应付利息	—
应付股利	—
其他应付款	1 389 984 092.02
一年内到期的非流动负债	—
其他流动负债	—
流动负债合计	9 526 402 556.21
四、非流动负债	
长期借款	—
应付债券	—
长期应付款	—
专项应付款	17 770 000.00
非流动负债合计	17 770 000.00
负债合计	9 544 172 556.21
五、股东权益	
实收资本（或股本）	1 038 180 000.00
资本公积	1 374 964 415.72
盈余公积	3 036 434 460.46
减：库存股	28 700 075 247.50
未分配利润	—
少数股东权益	1 304 382 273.57
所有权益合计	35 454 036 397.25
负债和所有者权益总计	44 998 208 953.46

资料来源：www.moutaichina.com。

三、现金流量表

现金流量表是反映一家公司在一定时期现金流入和现金流出动态状况的报表。它详细描述了由公司的经营、投资与筹资活动所产生的现金流。

利润表和资产负债表均建立在应收应付会计方法之上，即使没有发生现金交易，收入和费用也必须在其发生时进行确认。但现金流量表只承认实际发生了的现金变化的交易。比如，销售一批货物，一个季度后付款。利润表在销售发生时就进行了确认，资产负债表也立即增加一项应收款，而现金流量表只有在拿到现金时才确认这一笔交易。

表7—3是贵州茅台酒股份有限公司2012年的现金流量表。在现金流量表的第一部分，是经营活动中产生的现金流。在这部分中，公司经营活动产生的现金流量净额是公司经营的净收益。与利润表不同的是，现金流量表中不存在应收款和应付款。利润表中的应收款的增加意味着收益的确认，但还没有收到现金；应付款的增加意味着费用已经产生，公司收益的减少，但现金还未流出。因此，利润表中应收款的增加反而减少了公司经营期间的现金流，而应付款的增加相应增加了公司经营的现金流。

现金流量表的第二部分是公司投资活动中产生的现金流。这些投资，尤其是在构建固定资产、无形资产和其他长期资产支付的现金，都能形成公司的资本，对公司保持和提高产能很有必要。

现金流量表的第三部分为筹资活动中产生的现金流。吸收投资收到的现金、取得借款收到的现金、发行债券收到的现金、收到其他与筹资活动有关的现金都会有现金流入，但偿还债务支付的现金，分配股利、利润或偿付利息支付的现金和支付其他与筹资活动有关的现金会减少公司经营中的现金。在这一部分中，通过公司的现金流量表的连续数个财务年度的股利、利润等支出，可以了解到公司的利润分配政策。

表7—3　　　　　　　贵州茅台酒股份有限公司合并现金流量表

（2012年1月1日—2012年12月31日，单位：元，币种：人民币）

项目	本期金额	上期金额
一、经营活动产生的现金流量：		
销售商品、提供劳务收到的现金	28 912 367 684.82	
收到的税费返还	—	
收到其他与经营活动有关的现金	387 671 188.51	
经营活动现金流入小计	29 300 038 873.33	
购买商品、接受劳务支付的现金	2 707 393 653.33	
支付给职工以及为职工支付的现金	2 953 919 072.54	
支付的各项税费	10 170 840 319.22	

续前表

项目	本期金额	上期金额
支付其他与经营活动有关的现金	1 546 575 218.99	
经营活动现金流出小计	17 378 728 264.08	
经营活动产生的现金流量净额	11 921 310 609.25	
二、投资活动产生的现金流量		
收回投资收到的现金	10 000 000.00	
取得投资收益收到的现金	4 129 000.00	
处置固定资产、无形资产和其他长期资产收回的现金净额	79 000.00	
处置子公司及其他营业单位收到的现金净额	—	
收到其他与投资活动有关的现金	340 299 568.00	
投资活动现金流入小计	354 507 568.00	
购建固定资产、无形资产和其他长期资产支付的现金	4 211 900 807.91	
投资支付的现金	—	
取得子公司及其他营业单位支付的现金净额	—	
支付其他与投资活动有关的现金	342 083 058.36	
投资活动现金流出小计	4 553 983 866.27	
投资活动产生的现金流量净额	－4 199 476 298.27	
三、筹资活动产生的现金流量		
吸收投资收到的现金	392 000 000.00	
取得借款收到的现金	—	
收到其他与筹资活动有关的现金	89 497.15	
筹资活动现金流入小计	392 089 497.15	
偿还债务支付的现金	—	
分配股利、利润或偿付利息支付的现金	4 306 614 120.00	
支付其他与筹资活动有关的现金	—	
筹资活动现金流出小计	4 306 614 120.00	
筹资活动产生的现金流量净额	－3 914 524 622.85	
四、汇率变动对现金的影响	—	
五、现金及现金等价物净增加额	3 807 309 688.13	
加：期初现金及现金等价物余额	18 254 690 162.04	
六、期末现金及现金等价物余额	22 061 999 850.17	

资料来源：www.moutaichina.com。

现金流量表的第四部分考虑汇率变动对公司现金流量的影响。在国际经济一体化的今天，很多公司开拓了国际市场，与国外公司有业务上的往来。汇率的波动对公司的外币存款有很大的影响。如果公司有 100 万美元的外币存款，则在当期的现金流量表中，该笔资金需要以人民币的形式（按当期汇率换算成人民币）记入。到期后，在现金流量表中，该笔资金还需要以人民币的形式（按即期汇率可换算成人民币）记入。二者的差额部分就需要在现金流量表的第四部分显示出来。从现金流量表的该部分内容中可以看出公司财务管理人员对汇率波动风险的应对能力。

现金流量表的最后为期末现金及现金等价物余额。为了保证公司的持续经营，现金流量表的期末余额要为正，且能满足下一季度的生产需要。

现金流量表为投资者提供了一家公司是否健康经营的证据。如果一家公司无现金支付红利、无法保持经营活动产生的现金流所需要的资金，需要靠借款来满足这些需要，这将表明该公司在长期的运营中存在现金流中断的风险。

请 你 参 与

在公司的利润表中，主要的会计科目有哪些？请你给同学们讲一讲。

练 一 练

为什么要对公司的财务信息进行分析？

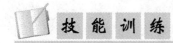

技 能 训 练

请你通过互联网查找上市公司五粮液集团 2012 年的利润表，看看该集团在 2012 年为全体股东赚了多少钱。

_____

_____

_____

_____

学 习 小 结

通过本单元的学习，你的收获有：

_____

_____

_____

_____

单元二　偿债能力分析

公司的财务状况最能反映公司的实际经营情况。投资者对公司的财务状况进行分析，可以了解公司的经营业绩，预测公司未来的发展，评估公司的投资价值。一般来说，公司财务分析主要从偿债能力分析、盈利能力分析、成长能力分析和投资收益分析几个方面进行。

偿债能力是指公司偿还各种到期债务的能力。偿债能力分析是公司财务分析的一个重要方面，偿债能力分析可以揭示公司的财务风险，偿债能力分析可以分为短期偿债能力分析和长期偿债能力分析。

一、短期偿债能力分析

短期偿债能力是指公司偿付流动负债的能力。流动负债是公司一个营业周期内需要偿付的债务，这部分负债对公司的财务风险影响很大。如果公司不能及时偿还到期债务，就要面临破产的风险。

一般来说流动负债需以流动资产来偿付，通常需要以现金直接偿还。评价公司短期偿债能力的财务比率主要有流动比率、速动比率、到期债务利息偿付比率等指标。

流动比率是指公司流动资产与流动负债的比率。计算公式为：

$$流动比率 = \frac{流动资产}{流动负债}$$

在流动资产中，短期有价证券、应收票据、应收账款的变现能力均比存货强。存货需经过销售才能转变为现金，所以存货是流动资产中流动性相对较差的。使用速动比率来判断公司短期偿债能力比用流动比率进了一步，因为它扣除了变现能力较差的存货。速动比率越高，说明公司的短期偿债能力越强。

二、长期偿债能力分析

长期偿债能力是指公司偿还长期负债的能力，公司的长期负债主要有长期借款、应付长期债券、长期应付款等。对于投资者来说，不仅要分析公司的短期偿债能力，更应分析公司的长期偿债能力。反映公司长期偿债能力的财务比率主要有资产负债率、长期负债率、股东权益比率等。

（一）资产负债率

资产负债率是指公司负债总额与资产总额的比率，也称为负债比率或举债经营比率，它反映公司的资产总额中有多少是通过举债得到的。其计算公式为：

$$资产负债率 = \frac{负债总额}{资产总额}$$

资产负债率反映公司偿还债务的综合能力，这个比率越高，公司偿还债务的能力越差；反之，偿还债务的能力越强。根据表7—2的有关数据，可以得出贵州茅台酒股份有限公司2012年末的资产负债率为21.21%。这表明贵州茅台酒股份有限公司的资产有21.21%来源于举债。

资产负债率为多少才合理，并没有一个确定的标准。不同的行业、不同类型的公司有较大差异。一般而言，处于高速成长时期的公司，其负债比率可能会高一些，这样所有者会得到更多的杠杆利益。但是，作为投资者，在衡量公司的负债比率是否合理时，一定要审时度势，充分考虑公司内部各种因素和公司外部的市场环境等各种因素，才能做出正确的投资决策。

（二）长期负债率

长期负债比率是从总体上判断企业财务状况的一个指标。它是公司长期负债和资产总额的比率。根据表7—2的有关数据，可以得出贵州茅台酒股份有限公司的长期负债率为0。

如果公司的长期负债率过高，意味着公司的资本结构中有较多的长期债务，公司有较大的资本结构风险，在经济衰退时，公司可能会面临债务风险。

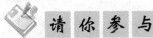

请 你 参 与

请你通过互联网，查找上市公司泸州老窖集团、五粮液集团、古井集团和汾酒集团2012年的流动比率、资产负债率，并对它们进行比较。

学 习 小 结

通过本单元的学习，你的收获有：

单元三 公司盈利能力分析

盈利能力（也称获利能力）是企业赚取利润的能力。盈利是企业存在的根本目的。不论是投资人、债权人还是企业管理人员，都日益重视和关心企业的盈利能力。

盈利能力分析是公司财务分析的重要组成部分，也是评价公司经营管理水平的重要依据。公司的各项经营活动都会影响公司的盈利，但是对公司盈利能力进行分析，一般只分析公司正常经营活动的获利能力，不涉及非正常的经营活动。这是因为一些非正常的、特殊的经营活动，虽然也会给公司带来收益，但它不是经常的和持久的，不能将其作为公司的一种盈利能力加以评价。评价公司盈利能力的财务比率主要有销售毛利率、销售净利率、主营业务利润率、总资产收益率和净资产收益率等。

一、销售毛利率

销售毛利率是指销售毛利与销售收入的比值，其中，销售毛利是销售收入与销售成本的差值。其计算公式为：

$$销售毛利率=\frac{销售毛利}{销售收入}$$

销售毛利率表示每1元销售收入扣除销售成本后，有多少钱可以用于各项期间费用和形成盈利。销售毛利率是企业销售净利率的基础，没有足够大的销售毛利率，企业可能无法盈利。

二、销售净利率

销售净利率是指公司销售净利润与销售收入净额的比率，其计算公式为：

$$销售净利率=\frac{销售净利}{销售收入}$$

销售净利率说明了公司销售净利润占销售收入的比例，它可以评价公司通过销售赚取利润的能力。销售净利率表明公司每元销售收入可实现的净利润是多少。该比率越高，公司通过扩大销售获取收益的能力越强。

三、主营业务利润率

主营业务利润率是指企业一定时期主营业务利润同主营业务收入净额的比率。该指标说明企业每单位主营业务收入能带来多少主营业务利润，反映了企业主营业务的获利能力，是评价企业经营效益的主要指标，其计算公式为：

$$主营业务利润率=\frac{主营业务利润}{主营业务收入}$$

上市公司的经营收益通常可以分为三部分：主营业务收入、投资净收益、其他业务收入。主营业务增长是公司利润增长的主渠道，能够反映公司的主要经营业绩。该指标反映公司的主营业务获利水平，只有当公司主营业务突出，即主营业务利润率较高的情况下，才能在竞争中占据优势地位。该指标体现了企业经营活动最基本的获利能力。

四、总资产收益率

总资产收益率是指企业净利润与企业平均资产总额的比值，其计算公式为：

$$总资产收益率=\frac{企业净利润}{企业平均资产总额}$$

企业平均资产总额等于企业期初总资产加上期末总资产再除以2。把企业一定期间的净利润与企业的平均资产总额相比较，表明企业资产利用的综合效果，该指标值越高，表明资产的利用效率越高，说明企业在增加收入和节约资金使用等方面取得了良好的效果。

总资产收益率主要用来衡量公司利用资产获取利润的能力，它反映了公司总资产的利用效率。

在分析公司的总资产收益率时，通常要与该公司前期、与同行业平均水平和先进水平进行比较，这样才能判断公司总资产收益率的变动趋势以及在同行业中所处的地位，从而了解公司的资产利用效率，发现经营管理中存在的问题。

五、净资产收益率

净资产收益率又称为股东报酬率，是净利润与净资产的比值。净资产是指资产负债表中"股东权益合计"的期末数。

净资产收益率反映企业所有者的投资报酬率，具有很强的综合性。美国杜邦公司最先采用的杜邦财务分析法就是以净资产收益率为主线，将企业在某一时期的主营业务成果以及资产运营状况全面联系在一起，层层分解，逐步深入，构成了一个完整的分析体系。

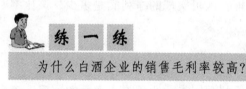

为什么白酒企业的销售毛利率较高？

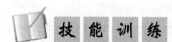

请你通过互联网，查找上市公司泸州老窖集团、五粮液集团、古井集团和汾酒集团 2012 年的销售毛利率、净资产收益率。

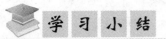

学 习 小 结

通过本单元的学习，你的收获有：

_____

_____

_____

_____

单元四 公司成长能力分析

上市公司成长性是指公司在自身的发展过程中，其所在的产业和行业受国家政策扶持，具有发展性，产品前景广阔，公司规模呈逐年扩张、经营效益不断增长的趋势。

对公司成长性的分析则需评估一家公司的业绩是否会从差到好、从好到更好，不仅要依靠历史数据和过去的经营情况，更重要的是应着眼于公司未来可能产生的变化，同时了解行业、市场乃至产品的变化趋势。

衡量上市公司成长能力的主要指标有主营业务增长率、主营利润增长率、净利润增长率和总资产增长率等。

一、主营业务增长率

主营业务增长率是指本期的主营业务收入减去上期的主营业务收入之差再除以上期主营业务收入的比值，其计算公式为：

$$主营业务增长率 = \frac{本期主营业务收入 - 上期主营业务收入}{上期主营业务收入}$$

通常具有成长性的公司多数都是主营业务突出、经营比较单一的公司。利用主营业务增长率这一指标可以较好地考察公司的成长性。主营业务增长率高，表明公司产品的市场需求大，业务扩张能力强。如果一家公司能连续几年保持30%以上的主营业务增长率，基本上可以认为这家公司具备成长性。

二、主营利润增长率

主营利润增长率是指本期主营业务利润减去上期主营业务利润之差，再除以上期主营业务利润的比值，其计算公式为：

$$主营利润增长率 = \frac{本期主营业务利润 - 上期主营业务利润}{上期主营业务利润}$$

一般来说，主营利润稳定增长且占利润总额的比例呈增长趋势的公司正处在成长期。一些公司尽管利润总额有较大幅度的增加，但主营业务利润却未相应增加，甚至大幅下降，这样的公司质量不高，投资这样的公司，尤其需要警惕，可能蕴藏着巨大的风险。

三、净利润增长率

净利润增长率是指本期净利润减去上期净利润之差，再除以上期净利润的比值，其计算公式为：

$$净利润增长率 = \frac{本期净利润 - 上期净利润}{上期净利润}$$

净利润是公司经营业绩的最终结果。净利润的增长是公司成长性的基本特征，净利润增幅较大，表明公司经营业绩突出，市场竞争能力强。反之，净利润增幅小甚至出现负增长，公司的成长性也就无从谈起。

请 你 参 与

请你通过互联网，查找上市公司比亚迪近三年的净利润增长率。

四、总资产增长率

总资产增长率是指公司本期总资产和上期总资产的差值与上期总资产的比值，其计算公式为：

$$总资产增长率 = \frac{本期总资产 - 上期总资产}{上期总资产}$$

公司所拥有的资产是公司赖以生存与发展的物质基础，处于扩张时期的公司的基本表现就是其规模不断扩大。这种扩大一般来自于两方面的原因：一是所有者权益的增加，二是公司负债规模的扩大。对于前者，如果是由于公司发行股票而导致所有者权益大幅增加，投资者需关注募集资金的使用情况，如果募集资金还处于货币形态或作为委托理财等方式，这样的总资产增长率反映出的成长性将大打折扣；对于后者，公司往往是在资金紧缺时向银行贷款或发行债券，资金闲置的情况会比较少，但它受到资本结构的限制，当公司资产负债率较高时，负债规模的扩大空间就有限。

练一练

反映公司成长能力的指标有哪些？为什么要对公司的成长能力进行分析？

技能训练

请你通过互联网，查找上市公司比亚迪、长安汽车、上海汽车近三年的净利润增长率，并进行比较。

学习小结

通过本单元的学习，你的收获有：

单元五　公司投资收益分析

　　投资收益分析是指将公司财务报表中公布的数据与有关公司发行在外的股票数、股票市场价格等资料结合起来进行分析，以便投资者对不同上市公司股票的优劣做出评估和判断。对公司投资收益分析的主要指标有每股收益、市盈率、市净率、股利分配率等。

一、每股收益

　　在对公司的财务状况进行研究时，投资者最关心的是每股收益。每股收益是指将公司的净利润除以公司的股本总数得出的比值，该指标反映了公司每一股所具有的当前获利能力。考察每股收益历年的变化，是研究公司经营业绩变化最简单明了的方法。其计算公式为：

$$每股收益＝\frac{净利润}{股本总数}$$

　　公式中的股本总数是指发行在外的普通股总数。

　　对投资者而言，每股收益的高低比公司财务状况的好坏或其他获利能力指标更为重要，也更为直观，因为它反映了普通股的获利水平。

　　在分析时，可以进行公司间的比较，以评价该公司相对的盈利能力；可以进行不同时期的比较，了解该公司盈利能力的变化趋势；可以进行经营实施和盈利预测的比较，掌握该公司的管理能力。

二、市盈率

　　市盈率是指普通股每股市价除以每股收益的倍数，其计算公式为：

$$市盈率＝\frac{每股市价}{每股收益}$$

　　市盈率反映上市公司股票的盈利状况，是投资者普遍关注的指标，有关证券刊物几乎每天报道各类股票的市盈率。它是投资者用以衡量某种股票投资价值和投资风险的常用指标，也是公司管理者了解公司股票在证券市场上的影响程度的主要依据。

　　市盈率反映投资者对每元净利润所愿支付的股票价格，相当于净收益的倍数，可以用来估计股票的投资报酬和风险。由于市盈率揭示了每股市价相当于每股净利润的倍数，表明公司需要积累多少年的净利润才能达到目前的股价水平，显然，市盈率越高，表明市场对公司的未来越看好。在市价确定的情况下，每股收益越高，市盈率越低，投资风险越小，反之亦然。在每股收益确定的情况下，市价越高，市盈率越高，风险越大，反之亦然。仅从市盈率高低的横向比较看，高市盈率说明公司能够获得社会信赖，具有良好的前景，反之亦然。

该指标不能用于不同行业公司的比较，充满扩张机会的新兴行业市盈率普遍较高，而成熟行业公司的市盈率普遍较低，这并不说明后者的股票没有投资价值。在每股收益很小或亏损时，股票的市价也不会降至零，很高的市盈率往往不说明任何问题。

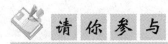 **请 你 参 与**

请你比较贵州茅台、五粮液与三一重工、中联重科的市盈率。哪个行业的市盈率较高？

三、市净率

市净率是指每股市价和每股净资产的比值，是市场对公司价值的评价。

市净率可用于投资分析。每股净资产是股票的账面价值，它是用成本计量的，而每股市价是这些资产的现在价值，它是证券市场上交易的结果。市价高于账面价值时公司资产的质量较好，有发展潜力，反之则资产质量差，没有发展前景。优质股票的市价都超出每股净资产许多倍，一般市净率达到 3 倍可以树立较好的公司形象。市价低于每股净资产的股票，就像售价低于成本的商品一样，属于"处理品"。当然，"处理品"也不是没有购买价值，问题在于该公司今后是否有转机，或者购入后经过资产重组能否提高获利能力。

四、股利分配率

股利分配率是指当年发放股利与当年利润之比，或每股股利除以每股收益的比值，其公式为：

$$股利分配率 = \frac{每股股利}{每股收益}$$

一般来说，公司发放股利越多，股利的分配率越高，因而对股东和潜在投资者的吸引力越大，也就越有利于建立良好的公司信誉。一方面，由于投资者对公司的信任，会使公司股票供不应求，从而使公司股票市价上升。公司股票的市价越高，对公司吸引投资、再融资越有利；另一方面，过高的股利分配政策，一会使公司的留存收益减少，二如果公司要维持高股利分配政策而对外大量举债，会增加资金成本，最终必定会影响公司的未来收益和股东权益。

股利分配率是股利政策的核心。确定股利分配率，首先要弄清公司在满足未来发展所需的资本支出和营运资本之后，有多少现金可用于发放股利，然后考察公司所能获得的投资项目的效益如何。如果现金充裕，投资项目的效益又很好，则应少发或不发股利；如果现金充裕但投资项目效益较差，则应多发股利。

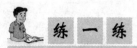

练 一 练

　　贵州茅台的股价为 188.81 元/股，中国南车的股价为 4.12 元/股，能否说贵州茅台的股价太贵了，中国南车的股价很便宜？

技 能 训 练

　　请你通过互联网，查找上市公司上海汽车、格力电器、伊利股份、五粮液 2013 年一季度的每股收益、市盈率、市净率，并列表进行对照。

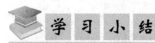

学 习 小 结

　　通过本单元的学习，你的收获有：

模块八　证券投资的策略与方法

☞ **时间分配建议**

　　建议安排 2 个课时，每个课时 50 分钟。

☞ **学习目标**

　　本模块学习完成后，你应当能够：

　　1. 理解分散投资的概念；

　　2. 掌握如何进行分散投资；

　　3. 掌握买卖股票的基本方法。

☞ **内容概览**

　　本模块从证券投资策略和证券投资方法两个方面进行阐述，重点讲解了分散投资、长期投资等交易策略和如何进行股票买卖的一些基本方法。

☞ **学习方法建议**

　　独立学习、给同学复述与展示相结合。

单元一　重要的投资策略——分散投资

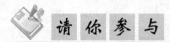

请 你 参 与

请你与同学分享家庭的投资经验。

_____

_____

_____

_____

_____

证券投资的相关理论和实践都证明，构建合理的投资组合，能够有效地分散投资风险。构建投资组合的方法通常有如下几种类型。

一、投资资金"三分法"

在美国等西方国家，最为流行的投资资金三分法是指，将资金的1/3存银行以备不时之需；1/3购买债券、股票等有价证券作为中长期投资；1/3购置房产、土地等不动产。一般来说，银行存款虽然收益率低，但收益稳定，流动性好；债券和股票虽说有一定的风险，但预期收益率也相对较高，它们具有良好的成长性；从长期来看，房地产也会增值，可以作为长期投资的项目。在有价证券的投资上，人们也往往把1/3的资金用来购买安全性较高的债券或优先股，1/3购买有发展前景的成长性股票，1/3购买普通股。在我国，对广大中小投资者来说，在购买过一套房子以后，可以将1/3的资金存入银行存款，1/3投资债券，1/3投资股票。上述三分法在理论上并无足够依据，但在实践中却行之有效。

二、长、中、短线的比例分散组合投资

　　长线投资是指买进股票以后不立即转售，准备长期持有以便实现丰厚的收益，持有时间起码在五年以上，投资的主要对象是目前财务状况良好又有发展前景的公司股票。中线投资是指把数年内暂时不用的资金投放出去，投资对象是估计几年内可能提供良好盈利的股票。短线投资的期限一般为几天到几个月，投资那些股价起伏很大，在几天内可能大涨大落的股票。投资者应将资金分成长、中、短三类投资期限，根据自身的情况分别进行长期投资、中期投资和短期投资。

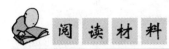

阅 读 材 料

巴菲特与可口可乐

　　1988年可口可乐公司股票每股收益0.36美元、净资产1.07美元，巴菲特买入价为5.22美元，买入市盈率为14.5倍，市净率4.88倍。他之所以这样做，是因为看好可口可乐公司非凡的经营前景。巴菲特认为可口可乐公司股票1988年的股价比其实际的内在价值低了50%～70%。（市值148亿美元，估值296～493亿美元。）

　　巴菲特1988年买入可口可乐股票5.93亿美元，1989年大幅增持近一倍，总投资增至10.24亿美元。1991年就升值到37.43亿美元，2年涨了2.66倍。1994年，他继续增持可口可乐公司的股票，总投资达到13亿美元，此后持股一直稳定不变。1997年底，巴菲特持有的可口可乐股票市值上涨到133亿美元，10年赚了10倍，仅仅一只股票就为巴菲特赚取了100亿美元，这是巴菲特最传奇、最成功的股票投资案例。

　　回首过去21年，1987年底到2009年8月31日，可口可乐股价每股从3.21美元上涨到48.77美元，累计上涨15.19倍，标准普尔指数500指数从247点上涨到1 020点，累计上涨4.13倍，总的来看，可口可乐股价21年来远远跑赢大盘。

　　巴菲特早已经公开声称要永久持有可口可乐股票，死了也不卖。他在1996年声称，像可口可乐和吉列这样的公司很可能会被贴上"注定必然如此"的标签。没有人怀疑可口可乐和吉列会继续在其遍布世界的领域中占据主导地位的能力。实际上它们的主导地位很可能会更加强大。在过去的10年中，两家公司都已经明显地扩大了它们本来就非常巨大的市场份额，而且所有的迹象都表明在下一个10年中它们还会再创佳绩。

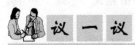

议 一 议

　　我们是不是也该像巴菲特一样，投资一家公司的股票，然后持有21年？

三、不要把鸡蛋放在一个篮子里

如果投资者的资金量比较大，投资者在构建投资组合时，一定要科学合理地进行分散投资，科学合理的分散投资包括以下几个方面的内容：

（1）企业种类的分散。即不宜集中购买同一行业企业的股票和债券，以免遇上行业性不景气，导致投资者遭受重大损失。比如，在三聚氰胺事件中，三鹿是该事件的罪魁祸首，但是大家为了安全起见，缩减购买奶制品，结果造成蒙牛、伊利等上市公司的销售也大受影响，股价大跌，当时伊利股份的股份，从18元左右一直跌到6元多。如果你所有的股票都是奶制品公司的，结果可想而知。

（2）企业单位的分散。即不宜把全部资金用于集中购买某一个企业的证券，即便该企业业绩很好。例如，双汇集团绝对是一家效益很好的上市公司，但是2011年央视3·15晚会曝光该公司的猪肉含有瘦肉精之后，公司的股票价格由86元下跌到55元。

（3）投资区域的分散。企业不可避免会受地区市场、法律、政策及自然条件等诸方面因素的影响，所以分区域投资同样可以分散风险。

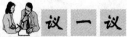

议 一 议

如果你有 1 000 000 元，在炒股的时候应该如何分散风险？

_____

_____

_____

_____

_____

学 习 小 结

通过本单元的学习，你的收获有：

- -

- -

- -

- -

单元二　证券投资的方法——何时买、卖股票

一、何时买股票

买股票的依据主要是三点：基本分析、技术分析及大市走向。有些人买股票只看基本分析，即研究公司的本身价值，不看其他。巴菲特便是代表人物。有些人只看技术分析，认为市场对该股票的看法尽数表现在股价及其交易量的变化之上。我国的大多数股民属于第二类。无论哪一种，只要你能做得好，都可以获得好的投资效果。但对一般人而言，要仅靠基础分析来炒股是很困难的，因为你不可能获得完善的资料来判定公司的价值。你如果是位大基金的管理人，买了某公司的大批股票，你可以派个人到公司坐镇，了解公司的细节。但对一般人来说，这是不可能的。

所以，投资者一定要了解股票的一些买入要点：

第一，在买入之前，一定要参照一下股票的走势图，因为它是大众投资心理的反映。

第二，在买入之前，先定好止损点，搞清楚你最多愿意亏多少钱。

第三，最好在升势或突破压力线，准备开始升势的时候买入。

第四，绝不要在跌势时入市。

第五，不要把"股票已跌得很低了"作为买入的理由，你不知道它还会跌多少！

第六，不要把"好消息"或"专家推荐"作为买的理由，特别是在这些好消息公布之前，股价已升了一大截的情况下。

请 你 参 与

讨论现在是否是买入"伊利股份"、"中国平安"、"中国银行"等股票的合适时机？

二、何时卖股票

不要试图寻找股票价格的最高点，你永远不知道股票价格会升多高。在一个大走势中，头和尾都是很难抓到的，我们应学习的是如何抓中间的一截，能抓到波幅的70%就算是很好的成绩了。

（一）注意危险信号

随着经验的增加，你会慢慢地产生"这是该卖的时候了"的感觉。不要忽略这样的直觉，这是经验。要获得这样的经验，你通常已付出很多学费，要相信自己。

（二）保本第一

炒过股票的人都有过这样的经历：亏小钱时割点肉容易，亏大钱时割肉就十分困难了。这是人的自然反应。在一项投资上亏太多钱的话，对你的自信心会有极大的打击。你如果有一定的炒股经历，必然同时拥有赚钱和亏钱的经验。赚钱时你有什么感觉？通常你会在内心指责自己为什么开始的时候不多买一些，下次碰到"应该会赚大钱"的机会，你自然就会下大注。这是极其危险的。在炒股这一行，没有什么是百分之百的。如果第一手进货太多，一旦股票下跌，噩梦就开始了。每天下跌，你希望这是最后一天；有时小小的反弹，你就把它看成大涨的前兆；很快这只股票可能跌得更低，你的心又往下沉，让你失去了理性判断的能力。

具体的做法就是分层下注。你如果预备买 1 000 股某只股票，第一手别买 1 000 股，先买 200 股试试，看看股票的运动是否符合你的预想，然后再决定下一步怎么做。如果不对，尽速止损。如果一切正常，再进 400 股，结果又理想的话，买足 1 000 股。

把"保本"这个概念牢牢地记在心里，你在炒股时每次犯错，你的体会就会深一层，时间一久，你就知道该怎样做了。

（三）遇有暴利，拿了再说

在股市投资，你有时会碰到这样的情况：股价在两星期内从 20 元升到 40 元。在这种情况下，第一天转头（转头表示收盘价低于开盘价，收大阴线）你就可以把股票卖掉。别期待好事情会没完没了。这样的暴升常是股价短期到顶的信号，特别是最后两天，交易量猛增，这更是危险的信号。

（四）小心交易量猛增，股价却不升

股价升了一段时间之后，如果你忽然发现股票的交易量很大，股价却没有升高。这也是危险信号，它告诉你有人乘这个机会在出货。这通常是股价到顶的信号。

请 你 参 与

请讨论现在是否是卖出"张裕 A"、"贵州茅台"、"中国联通"等股票的合适时机？

学 习 小 结

通过本单元的学习，你的收获有：

参 考 文 献

[1] 于长富，施元忠. 证券投资学. 北京：冶金工业出版社，2008.

[2] 高鹏举. 证券投资理论与实务. 北京：机械工业出版社，2008.

[3] 中国证券业协会. 证券投资基金. 北京：中国财政经济出版社，2008.

[4] 陈江挺. 炒股的智慧. 北京：三联书店，2005.

[5] [瑞] 卡尔·基林兰. 股市大众心理解析. 北京：机械工业出版社，2001.

[6] 徐晓鹰. 证券投资心理和行为分析. 北京：中国物资出版社，2005.

[7] [英] 曼而斯. 股市心理学. 北京：中信出版社，2004.

[8] 张颖. 个人理财教程. 北京：对外经济贸易大学出版社，2007.

[9] 杜金富. 金融市场学. 北京：中国金融出版社，2007.

[10] 魏涛. 投资与理财. 北京：电子工业出版社，2007.

[11] 中央国债登记结算公司. 债券投资基础. 北京：中国金融出版社，2007.

[12] 谷有利. 证券投资实务. 北京：中国纺织出版社，2008.

[13] 杨立功. 证券投资理论与实务. 北京：中国人民大学出版社，2010.

[14] 杨立功. 证券投资实务. 北京：中国人民大学出版社，2011.

[15] 中国债券信息网（http://www.chinabond.com.cn/）.

[16] 晨星中国网站（http://cn.morningstar.com）.

[17] 中国基金网（http://www.cnfund.cn）.

[18] 中国证券监督管理委员会网站（http://www.csrc.gov.cn）.

[19] 证券之星网站（http://www.stockstar.com）.

[20] 百度图库（http://image.baidu.com）.

教师信息反馈表

为了更好地为您服务，提高教学质量，中国人民大学出版社愿意为您提供全面的教学支持，期望与您建立更广泛的合作关系。请您填好下表后以电子邮件或信件的形式反馈给我们。

您使用过或正在使用的我社教材名称		版次	
您希望获得哪些相关教学资料			
您对本书的建议（可附页）			
您的姓名			
您所在的学校、院系			
您所讲授课程的名称			
学生人数			
您的联系地址			
邮政编码		联系电话	
电子邮件（必填）			
您是否为人大社教研网会员	□ 是，会员卡号：＿＿＿＿＿＿＿＿ □ 不是，现在申请		
您在相关专业是否有主编或参编教材意向	□ 是　　　　　□ 否 □ 不一定		
您所希望参编或主编的教材的基本情况（包括内容、框架结构、特色等，可附页）			

我们的联系方式：北京市海淀区中关村大街甲 59 号

文化大厦 1508 室

中国人民大学出版社教育分社

邮政编码：100872

电话：010-62515913

网址：http://www.crup.com.cn/jiaoyu/

E-mail：wflying 99@163.com